Bibliotheken bauen
Die Barther Kirchenbibliothek im Kontext

Barther Bibliotheksgespräche

Herausgegeben von Jochen Bepler und Ulrike Volkhardt
im Auftrag des *Fördervereins Kirchenbibliothek
St. Marien Barth e.V.*

Bibliotheken bauen
Die Barther Kirchenbibliothek im Kontext

1. Barther Bibliotheksgespräch und Wiedereröffnung 19./20. April 2013

Separatum aus

Jahrbuch kirchliches Buch- und Bibliothekswesen
NF 2, 2014

SCHNELL + STEINER

Das *1. Barther Bibliotheksgespräch* wurde ermöglicht durch die

 Alfried Krupp
von Bohlen
und Halbach-
Stiftung

Der Tagungsband wurde gefördert durch

 Evangelisch-Lutherische
Kirche in Norddeutschland

Umschlagvorderseite: Udo Diekmann
Umschlagrückseite: Axel Attula
Umschlaggestaltung: Buch und Gestaltung, Britta Dieterle, Berlin
Satz und Druck: Erhardi Druck GmbH, Regensburg

Bibliografische Information der Deutschen Nationalbibliothek:
Die Deutsche Nationalbibliothek verzeichnet diese Publikation
in der Deutschen Nationalbibliografie; detaillierte bibliografische
Daten sind im Internet über <http://dnb.dnb.de> abrufbar.

1. Auflage 2015
© 2015 Verlag Schnell & Steiner GmbH, Leibnizstr. 13, D-93055 Regensburg
ISBN 978-3-7954-2999-7

Weitere Informationen zum Verlagsprogramm erhalten Sie unter:
www.schnell-und-steiner.de

Inhalt

Dr. Angela Merkel
Mitglied des Deutschen Bundestages

Grußwort der Bundestagsabgeordneten Frau Dr. Angela Merkel

anlässlich der Wiedereröffnung der historischen Kirchenbibliothek
St. Marien am 19. April 2013 in Barth

Zur festlichen Wiedereröffnung der historischen Kirchenbibliothek St. Marien und anlässlich des 1. Barther Bibliotheksgesprächs sende ich Ihnen als Bundestagsabgeordnete für den Landkreis Vorpommern-Rügen meine herzlichsten Grüße und besten Wünsche.

Die Wiedereröffnung markiert einen besonderen, denkwürdigen Augenblick in der langen Bibliotheksgeschichte: Sie ist ein Fest, gewidmet den papiernen Schätzen wie den helfenden Händen und natürlich den künftigen Besuchern.

Bereits seit über 500 Jahren beherbergt die St. Marien-Kirche in Barth einen Schatz von unvorstellbarem Wert – nämlich eine reiche Anzahl mittelalterlicher Handschriften, Wiegendrucke, Schriften des Luther-Freundes Melanchthon sowie Notenfunde.

Von unvorstellbarem Wert deshalb, weil die rund 4.000 Bücher eine Seltenheit sind. Viele Bibliotheksbestände sind Bränden oder Kriegen zum Opfer gefallen, jedoch nagten am Barther Bestand der Zahn der Zeit als auch die Witterung. Durch das unermüdliche Engagement des Fördervereins Kirchenbibliothek St. Marien Barth e.V. und der Kirchengemeinde konnte dieser beachtliche Schatz vor Schimmelbefall und Feuchtigkeit bewahrt, nachhaltig gesichert und Interessierten zugänglich gemacht werden. Auch konnte man die in Vergessenheit geratenen Bibliotheksräume vollständig sanieren, so dass diese gewiss zu einem Anziehungspunkt, auch über die Region Mecklenburg-Vorpommern hinaus, werden.

Die erfolgreiche Sanierung der Bibliothek und der gesicherte Erhalt der wertvollen Buchbestände erfüllen mich mit Stolz und Freude. In diesem Sinne gratuliere ich Ihnen noch einmal ganz herzlich zur feierlichen Wiedereröffnung der historischen Kirchenbibliothek St. Marien und wünsche Ihnen viele anregende und interessante Barther Bibliotheksgespräche.

Mit freundlichen Grüßen, Ihre

Dr. Angela Merkel, MdB

Vorwort

Die historische Kirchenbibliothek an St. Marien in Barth/Mecklenburg-Vorpommern wurde erstmals 1398 erwähnt und ist somit wohl die älteste an ihrem ursprünglichen Ort erhaltene Kirchenbibliothek Deutschlands. Ihr wertvoller Bestand war bis vor kurzem in seinem Erhalt gefährdet. Auf Initiative eines 2010 gegründeten Fördervereins wurden mithilfe der Kirchengemeinde, namhafter Sponsoren und privater Spenden der Bibliotheksraum ab 2011 saniert und neu eingerichtet sowie der gesamte Buchbestand gereinigt. Im April 2013 wurde die Bibliothek wiedereröffnet und kann nun von Spezialisten wie auch der Allgemeinheit genutzt werden. Um ihren Bestand ins Bewusstsein zu rücken, finden alle zwei Jahre die *Barther Bibliotheksgespräche* statt. Experten stellen die Barther Kirchenbibliothek in fachliche Zusammenhänge. Das anlässlich der Eröffnung veranstaltete *1. Barther Bibliotheksgespräch* fand eine große Resonanz sowohl beim Fachpublikum als auch interessierten Laien. 2014 wurde der Förderverein mit einem *Europa Nostra Award / EU-Prize for Cultural Heritage* ausgezeichnet. Der Preiszeremonie in St. Marien wohnte auch Bundeskanzlerin Dr. Angela Merkel in ihrer Funktion als Bundestagsabgeordnete des Wahlkreises bei. Frau Dr. Merkel begleitete das Projekt der Bibliothekssanierung kontinuierlich. Besonderer Dank gebührt den Stiftungen und politischen und privaten Förderern, die die Rettung der Barther Kirchenbibliothek ermöglicht haben und auch die weitere Erschließung begleiten. Digitalisierung, Katalogisierung und Restaurierung des Bestandes erfordern erhebliche weitere Mittel.

Möge die Dokumentation des *1. Barther Bibliotheksgespräches* die interessanten Dimensionen der Kirchenbibliothek vermitteln und zu weiteren Forschungen inspirieren.

Mit Dank an alle Förderer, Fachlichen Beiräte und praktischen Unterstützer,

Prof. Ulrike Volkhardt
1. Vorsitzende *Förderverein Kirchenbibliothek St. Marien Barth e.V.*

Barth, Greifswald, Wolgast: Die Wiederauferstehung der vorpommerschen Kirchenbibliotheken

Falk Eisermann

Einleitung

„Als ich verwichenen Herbst einen Freund in Bernau besuchte, und, der Einförmigkeit ungewohnt, unterhaltende Gegenstände zu beobachten wünschte; fiel mir ein, daß einige Merkwürdigkeiten dieser Stadt meinen Wunsch befriedigen könnten. Ich entschloss mich daher, die Ueberbleibsel alter Denkmäler der Hussiten auf dem Rathhause in Augenschein zu nehmen; auch die Kirchenbibliothek zu besehen (...). So sehr ich mich freuete, für meine Forscherbegierde Nahrung zu finden auch litterarische Bemerkungen und typografische Entdeckungen zu machen, wozu eine anschauliche Kenntnis der alten Drucke sehr notwendig ist; so groß war mein Erstaunen, als ich diese Bibliothek – nicht mehr fand! und erfuhr, daß die mehresten Bücher derselben, weil sie theils von Würmern zerfressen, theils zu alt, und von keiner großen Erheblichkeit gewesen !! öffentlich versteigert; und von einem dasigen Kaufmann, als Makulatur für ungefähr 10 Thaler, erstanden wären! – In dem Schranke, worin ehedem diese Kirchenbibliothek aufbewahrt worden, waren noch einige Theile von Luther's Werken, Melanchthon's loci theologici, und wenig andere theologische Schriften aus Luthers Zeitalter zu sehen; die vielleicht in Protestantischer Rücksicht, oder aus anderen theologischen Ursachen, nicht veräußert werden durften, und also der fernern Aufbewahrung würdig zu sein schienen. Meine Neugier ward noch mehr erregt. Ich ging deshalb selbst zu dem Kaufmann, und bat ihn, mir einige von den alten erstandenen Büchern zu zeigen. (...) Wir stiegen bis unter das Dach auf den Kornboden, wo diese Denkmäler alten Drucks (oder diese Mönchsschriften, wie sie der Kaufmann nannte) im Winkel unter dem Schutt von allerlei Makulatur, ihrer Bestimmung gemäß, vergraben lagen."

Diese anonyme Mitteilung erschien 1793 in der Berlinischen Monatsschrift unter der Überschrift „Vernichtung der Kirchenbibliothek zu Bernau im Jahre 1792".[1] Der geschilderte Fall ist nur einer von zahllosen Belegen für die Anwendbarkeit des Klassikerzitats *pro captu lectoris habent sua fata libelli* – frei übersetzt: Die Auffassungsgabe des Lesers entscheidet über das Schicksal der Bücher. Wollte man diesen Gedanken auf unseren Gegenstand, die alten Kirchenbibliotheken Vorpommerns, anwenden, könnte man vielleicht so formulieren: Das Schicksal einer Büchersammlung wird bestimmt vom verantwortlichen Handeln ihrer Besitzer. Die betrübliche Episode aus Bernau zeigt, dass es vielerorts nicht weit her damit war, und dies gilt leider nicht exklusiv für das 18. Jahrhundert. Umso erfreulicher ist es, dass sich die drei großen vorpommerschen Kirchenbibliotheken in Barth, Greifswald und Wolgast jetzt wieder als positive Beispiele solch verantwortlichen Handelns präsentieren.

,Bibliotheken bauen' – das Rahmenthema des ersten Barther Gesprächs, bei dem die folgenden Gedanken vorgetragen wurden – ist den meisten Bibliothekaren vertraut. Das Planen, Abreißen, Errichten, Renovieren, Vergrößern, Um- und Neugestalten von Bibliotheksbauten gehört beinahe zum Berufsbild; zumindest kann kaum einer aus der Zunft von sich behaupten, das ganze Arbeitsleben unbehelligt von Planungssitzungen und Baulärm absolviert zu haben. Aber die mehr oder weniger langmütig ertragenen Strapazen führen in aller Regel zu positiven Resultaten. Erstens: Die Leserinnen und Leser finden nach Ende der Baumaßnahmen deutlich optimierte Bedingungen vor; zweitens: Die Bestände sind nach dem Bau nicht nur besser nutzbar als vorher, sie sind vor allem besser geschützt.

Es gehört indes auch zum bibliothekarischen Erfahrungswissen, dass vielerorts bis in die Gegenwart hinein Zerstörungen und Zerstreuungen historischer Büchersammlungen zu beklagen sind. Wenn ich also den Begriff der „Wiederauferstehung" der vorpommerschen Kirchenbibliotheken benutze, so mag das aus theologischer Sicht etwas verwegen klingen, aus bibliothekarischer, wissenschaftlicher und kulturgeschichtlicher Perspektive aber erscheint der Begriff keinesfalls übertrieben. Es ist ein Glücks-, aber kein Zufall, dass den großen und wichtigen Traditionsbibliotheken von St. Marien in Barth, St. Nikolai in Greifswald und St. Petri in Wolgast seit einiger Zeit eine neue Aufmerksamkeit und substantielle finanzielle Zuwendungen zuteilwerden, die es ermöglichen, diese wenn auch vielleicht noch nicht im allgemeinen kulturellen Gedächtnis, so doch in der Geschichte der Region tief verankerten Kulturdenkmäler umzugestalten und dadurch der interessierten Öffentlichkeit und der Forschung zugänglich zu machen. Um den Leserinnen und Lesern dieses Beitrags die Bedeutung dieser drei Büchersammlungen für die Wissenschaft wie für die Kulturgeschichte der Region näherzubringen, möchte ich im Folgenden ihr jeweiliges historisches Profil kurz beschreiben, ihre Schwerpunkte und Charakteristika betonen und einen Ausblick auf ihre bibliothekarischen, wissenschaftlichen und kulturellen Perspektiven nach den abgeschlossenen oder geplanten Baumaßnahmen wagen.

Beginnen wir nach Alter und Alphabet: mit St. Marien in Barth. Hier genügen Stichworte, da mehrere Überblicke über die Geschichte der Sammlung vorliegen[2] und andere in diesem Band wiedergegebene Referate sich detailliert mit den baulichen Befunden und den soziokulturellen und historischen Kontexten befassen.

Zunächst sei aber ein neues, recht spektakuläres historisches Zeugnis über die Frühzeit der Bibliothek vorgestellt. In der älteren regional- wie bibliotheksgeschichtlichen Literatur wurde als Datum der Ersterwähnung der *liberaria Bardensis*, der Bibliothek der Pfarrkirche St. Marien, bislang stets das Jahr 1451 genannt. Aus diesem Jahr stammt das Testament eines Klerikers, in dem die Bibliothek erwähnt wird.[3] Bereits vor über einem Jahrhundert indes wurde ein von der Forschung bislang übersehenes Dokument veröffentlicht, das ein erheblich höheres Alter der Barther Büchersammlung belegt, nämlich eine Gründung deutlich vor dem Jahr 1398.[4] Das Verdienst, erstmals auf diese Quelle und ihre Bedeutung aufmerksam gemacht zu haben, gebührt dem Brandenburger Domstiftsbibliothekar und -archivar Uwe Czubatynski, der sie bereits vor über 15 Jahren in seinem materialreichen Buch über die deutschen Kirchenbibliotheken des Mittelalters und der frühen Neuzeit vorgestellt hat.[5] Auch hierbei handelt es sich um ein Priestertestament: Am 3. Juni 1398 nämlich vermachte der Barther Pfarrer Hermann Hut bzw. Hoed (so in der Quelle) der Kirche eine Reihe von Büchern, und zwar „zur Wiederherstellung der Bibliothek" (*pro liberaria restauranda*). Es muss also schon geraume Zeit vor der Abfassung des Testaments, jedenfalls im späten 14. Jahrhundert, einen als Bibliothek bezeichneten Bücherbestand und wohl auch einen Aufbewahrungsraum dafür in St. Marien gegeben haben. Offenbar war dieser ältere Bestand in irgendeiner Weise vernachlässigt worden und sollte nach Huts Willen nunmehr eine nachhaltige Sicherung erfahren.

Huts Legat umfasste, dem Testament zufolge, neben einem Messbuch (s.u.) vor allem Predigthandschriften, unter anderem eine zweibändige Ausgabe der „Sermones supra Epistolas et Evangelia" des Prämonstratensers Johannes von Abbeville, daneben ein „Passionale", die beiden priesterlich-liturgischen Handbücher „Rationale divinorum officiorum" des Guillelmus Durandus und „Compendium theologicae veritatis" des Hugo Ripelin von Straßburg sowie ein Buch unbekannten Inhalts, das Hut als *viaticum meum* bezeichnet; es soll, so legt er fest, zum allgemeinen Nutzen der Barther Klerikergemeinschaft im Chor der Kirche aufbewahrt und angekettet werden. Leider scheint keine dieser von Hut gestifteten Handschriften noch in der Marienbibliothek vorhanden zu sein. Auch ein anderer Einrichtungsgegenstand, besonders wertvoll und deshalb noch vor den Büchern genannt und seinem Nachfolger als Rektor der Barther Kirche zugedacht, ist nicht mehr erhalten: *lectum meum magnum*, „mein großes Bett".

Das umfangreiche Testament des Hermann Hut kann hier nicht im Detail behandelt werden. Es stellt nicht nur für die Historie der Barther Bibliothek, sondern für die Kirchen- und Kulturgeschichte Pommerns im ausgehenden Mittelalter insgesamt eine bedeutende Quelle dar, die dringend eingehender zu analysieren wäre.[6] Hut verfügte offenkundig über ein sehr großes persönliches Vermögen. Gleich im ersten Absatz des Testaments erwähnt er eine von ihm – wohl in Barth – gestiftete Vikarie, die derzeit der Pfarrer Gerlach Schorzow innehabe; dieser Vikarie vermacht er sein Messbuch (*missale meum*) und eine Reihe liturgischer Gewänder und Gerätschaften, z. T. aus vergoldetem Silber. Neben den Priesterbruderschaften in Barth und Stralsund, denen er jeweils die gewaltige Summe von 600 Mark sundisch zuteilt,[7] bedenkt er geistliche und weltliche Würdenträger und Institutionen in weitem Umkreis mit Geldern und Pretiosen: unter anderem die Bürgermeister und die Pfarrer von Rostock, die Herzöge von Stettin und den Bischof von Schwerin, aber auch einen engen Verwandten, seinen *avunculus* (Onkel) Johannes. Aus dem Testament geht nicht nur Huts ungewöhnlicher Reichtum hervor, es wird auch deutlich, dass er bestens vernetzt war und Kontakte zur weltlichen wie geistlichen Führungsschicht des Landes unterhielt. Für Barth bedeutet die erstmalige Kenntnisnahme dieser seit langem publizierten Quelle vor allem: Die Bibliothek von St. Marien bestand bereits erheblich früher als bisher angenommen, nämlich vor Juni 1398. Sie ist damit womöglich die älteste bis heute am Ort vorhandene Kirchenbibliothek überhaupt.[8]

Anderthalb Jahrhunderte später kam es zu einer ersten ,Neugründung' der Bibliothek, als der protestantische Pfarrer und Reformator Johannes Block der Barther Kirche seine umfassende Büchersammlung vermachte, darunter viele Inkunabeln und frühreformatorische Druckwerke, die bis heute mit Recht gerühmte „Block-Bibliothek", die mit der Neuaufstellung 2013 dankenswerterweise wieder in den ursprünglichen Sammlungskontext zurückgeführt wurde.[9] Bis etwa um 1900 wurde die Sammlung sodann sorgfältig beaufsichtigt, gepflegt, erweitert und katalogisiert, so dass letztlich ein Bestand von 4000 Bänden vorlag, der durch Deposita aus den umliegenden Pfarreien Bodfeld, Flemendorf, Kenz und Saal weiter aufwuchs. Da der restaurierte und im April 2013 feierlich wiedereröffnete gotische Bibliotheksraum schon den Barther Kernbestand kaum vollständig aufnehmen kann, wird für die Depositalbibliotheken derzeit eine eigene Lösung entwickelt.

Zum Forschungsstand und zu den inhaltlichen Perspektiven mögen wenige Hinweise genügen. Ausführliche Beschreibungen der neun erhaltenen mittelalterlichen Codices sind in der Handschriften-Datenbank Manuscripta Mediaevalia im Internet verfügbar.[10] Die Online-Datenbank des Gesamtkatalogs der Wiegendrucke an der Staatsbibliothek zu Berlin[11] verzeichnet 145 Inkunabeln bzw. Inkunabel-Fragmente in Barth, ein für Mecklenburg-Vorpommern sehr ansehnlicher Bestand. Geht man davon aus, dass sich zukünftig ein starkes Forscherinteresse auf die noch kaum erschlossenen Druckbestände des 16. und 17. Jahrhunderts richten wird, so bietet die Barther Bibliothek eine höchst interessante Perspektive für die Wissenschaft, aber natürlich auch für die Öffentlichkeit. Der 2010 gegründete, soeben mit dem Europa Nostra-Preis der

Europäischen Kommission ausgezeichnete Förderverein Kirchenbibliothek St. Marien Barth e.V. und sein Fachlicher Beirat[12] werden sich weiterhin in enger Abstimmung mit der Kirchengemeinde um die nachhaltige Sicherung und Erschließung dieses einzigartigen Kulturdenkmals und um seine Sichtbarmachung in regionalen wie überregionalen Zusammenhängen einsetzen.

Greifswald, Dom St. Nikolai

Die Bibliothek des Geistlichen Ministeriums in St. Nikolai in Greifswald[13] wurde im Januar 2012, genau 410 Jahre nach ihrer Gründung, wiedereröffnet. Es handelt sich in ihren Ursprüngen um „die Bibliothek für die evangelischen Prediger und Lehrer in Greifswald, die zusammen das Geistliche Ministerium bildeten".[14] Die Einrichtung einer solchen ‚theologischen Zentralbibliothek‘ war in den reformierten Städten Norddeutschlands ein fast normales Ereignis. Die pommersche Kirchenordnung von 1535 hatte, wie der Greifswalder Diakon Robert Lühder es in seinem bis heute grundlegenden Katalog der Druckschriften des Ministeriums beschrieb, „in ernstlicher Würdigung der Bedeutung und des Wertes der aus der katholischen Zeit her in den Kirchen und Klöstern vorhandenen Büchereien" eine Bestimmung zur Errichtung von Bibliotheken erlassen:

> „Vnde syndt ynn den Steden ynn Parhen (Pfarreien) vnde Klöstern etliche Librien, dar denne etliche gude bökere ynne synd, welcke ytzunder yemmerlick vnde schmelick vörkamen vnde vörbracht werdden, dat men dar öuer ock beuelen vnde vörordenen wylle, dat solcke wol tho hope vorsammlet werden, vnde ynn eyner yewelicken Stad eyne gemeyne Liberie geholden werde, vör de Parners (Pfarrer), Predikers, Scholmesters vnde Scholgesellen".[15]

Der Bugenhagensche Bildungsauftrag war eindeutig: In den *Liberien* sollte nicht nur das aktuelle reformatorische Schrifttum gesammelt werden, sie sollten vielmehr gerade auch das in aufgelassenen Klöstern und Pfarrkirchen vorhandene Bibliotheksgut bewahren. In Pommern scheint der zitierte Passus aus der Kirchenordnung besonderes Gehör gefunden zu haben, und so wurden vielerorts Bibliotheken auf der Grundlage altgläubiger Bestände eingerichtet und in reformatorisch-humanistischem Geist weiter ausgebaut.

In Greifswald wurde allerdings über die neue Bibliothek, die zuerst die Bücher der beiden Bettelordensklöster aufzunehmen hatte, zunächst ein halbes Jahrhundert lang zwischen Rat und Landesherr hin- und her diskutiert. Ende August 1562 wird dem Rat vorgeworfen: In anderen, „geringeren" Städten des Umlands seien die Bibliotheken schon eingerichtet (zum Beispiel, könnte man ergänzen, in Barth); ob er, der Rat, denn nicht zum Wohl der hiesigen Prediger endlich auch aktiv werden wolle, ihre Stipendien seien nun mal „nitt so gar groß, allerlei dinliche bucher für sich selbs zu erkhauffen"?[16] Der Rat windet sich: Es sei keine gute Idee, eine Bibliothek einzurichten, die Bücher lägen teilweise ohne ihre alten Holzdeckel herum, seien verstellt, verschollen, entwendet, und man müsse mit der Bibliothek womöglich ganz von vorne anfangen.[17] Die Diskussion drehte sich vor allem, wenig überraschend und bis heute aktuell, um die Kosten für die Neuordnung und den Unterhalt der Sammlung. Schließlich erklärte man sich aber bereit, die Bücher im ehemaligen Franziskanerkonvent zusammenzutragen. Zu diesem Zweck wird zunächst ein Bibliotheksausschuss gegründet. In den folgenden Jahren passiert freilich — nichts. Erst 1599 wird ein Inventar der in die neue Bibliothek zu transferierenden Bücher erstellt, und drei Jahre später kommt es dann zu ihrer Gründung.[18]

Einzigartig ist diese älteste Büchersammlung Greifswalds vor allem wegen der hohen Zahl mittelalterlicher Handschriften, deren Entstehungszeit bis ins 14. Jahrhundert zurückreicht. Das bisher älteste in der Bibliothek aufgefundene Schriftstück ist ein Handschriftenfragment aus dem 12. Jahrhundert.[19] Dazu kommen annähernd 300 Inkunabeln. Damit besitzt das Geistliche Ministerium einen der umfangreichsten Altbestände in Mecklenburg-Vorpommern überhaupt. Er stammt überwiegend aus den Greifswalder Konventen der Franziskaner und Dominikaner. Von den einstmals vorhandenen vorreformatorischen Büchern aus St. Nikolai selbst scheint hingegen nichts erhalten zu sein. Aus dem 16. und 17. Jahrhundert bewahrt die Bibliothek über 2500 Drucke, darunter einige Rarissima und Unikate, außerdem eine Reihe von Werken aus späterer Zeit, so dass ein Gesamtbestand von weit über 3000 Titeln vorliegt.

Schon im 19. Jahrhundert hatte der Greifswalder Gelehrte Theodor Pyl ein großes Werk über die Handschriften und Urkunden der Nikolaibibliothek vorgelegt.[20] Auch wenn es von seiner These her als verfehlt gelten muss, so kann Pyls Buch doch beispielhaft als einer von vielen Belegen für die intensive wissenschaftliche Nutzung, Erhaltung und Erforschung des Bestandes vom 17. bis ins 20. Jahrhundert dienen. Herausgehoben seien etwa die Studien von Wilhelm Wattenbach zu dem in der Handschrift XXIII.E.100 überlieferten, wohl in Schlesien niedergeschriebenen Inquisitoren-Handbuch;[21] noch 1967 veröffentlichte der westdeutsche Historiker Jürgen Petersohn ein unbekanntes Mirakel, das als handschriftlicher Nachtrag in einer Inkunabel des Geistlichen Ministeriums erhalten ist.[22] Das bis heute gültige Referenzwerk für weite Teile des Altbestands ist das bereits genannte, 1908 publizierte Verzeichnis der Druckschriften des Geistlichen Ministeriums von Robert Lühder. Ihm verdanken wir auch eine Bibliotheksordnung mit traumhaften Nutzungsbedingungen: Es werden acht Wochen Ausleihfrist eingeräumt, die gegebenenfalls verlängert werden können. Nur Handschriften und wertvolle Drucke seien „in der Wohnung des Bibliothekars und unter dessen Aufsicht zu benutzen".[23] Solche Vorsicht war angebracht, denn es gab schmerzliche Verluste. So hatte 1869 ein Student namens Matthies — ein Kandidat der Juristerei! — die aus Padua stammende kirchenrechtliche Handschrift 22.C.V. entliehen, vergaß aber, sie zurückzugeben, bevor er nach Amerika auswanderte.[24]

Seit etwa 20 Jahren gibt es wieder vielfältige Aktivitäten rund um die Sammlung. Hier ist zuerst das Handbuch der historischen Buchbestände zu nennen, in dem Geschichte und Profil des Geistlichen Ministeriums beschrieben, die Kataloge verzeichnet und die Forschungsliteratur zusammengestellt sind.[25] Es folgten mehrere Publikationen zu den Wiegendrucken und 2009 schließlich die bislang letzte große Arbeit, der Katalog der mittelalterlichen Handschriften in Greifswald, in dem die Codices aus St. Nikolai an erster Stelle stehen.[26] Waren schon durch diese Grundlagenforschungen gute Voraussetzungen für die verbesserte Sichtbarkeit der Bibliothek geschaffen, so ist durch den 2012 abgeschlossenen Umbau nun auch eine wesentliche räumliche Verbesserung eingetreten. Die Bücher stehen ganz evident nicht mehr im Verborgenen, sondern geradezu ‚auf dem Präsentierteller‘: in einem gewölbten Raum über der Sakristei im nördlichen Seitenschiff des Doms. Es war eine mutige Entscheidung der Verantwortlichen, diesen historischen Bibliotheksraum zur Kirche hin nicht abzumauern, sondern sich für Transparenz zu entscheiden, für eine gläserne Wand, die vom Kirchenschiff aus den Blick auf die Regale mit ihrem wertvollen Inhalt freigibt.

Eine notwendige Folge dieser Transparenz ist ein gesteigertes öffentliches Interesse an der Bibliothek, das sich an den Besucherzahlen und Nachfragen in Greifswald, ähnlich jetzt auch in Barth, ablesen lässt. In beiden Fällen kommt es nun darauf an, koordiniert und kontinuierlich an der Präsentation und Erhaltung der Bestände weiterzuarbeiten; vor allem aus den literatur- wie geschichtswissenschaftlichen Fächern erwarten wir eine intensivierte Bestandserforschung.[27] Allerdings können solche Bibliotheken im Gegensatz zu Lühders Zeiten nicht mehr als quasi-öffentliche Sammlungen unterhalten werden. Abgesehen davon, dass die Gemeinden kaum geregelte Benutzungszeiten anbieten können, die in jedem Fall eine ständige bibliothekarische und sicherheitstechnische Begleitung erfordern würden, erscheint es auch aus Sicht des Bestandsschutzes nicht geraten, die Bücher uneingeschränkt zugänglich zu machen. Hier besteht natürlich ein gewisses Spannungsverhältnis zwischen den vor Ort gegebenen konservatorischen wie personellen Möglichkeiten und den Wünschen von Öffentlichkeit und Forschung. Besonders hervorgehoben sei daher an dieser Stelle die Bedeutung der ehrenamtlichen Mitarbeiterinnen und Mitarbeiter: Hiltrud Uphues in Barth und Klaus Wiggers in Greifswald haben in den vergangenen Jahren einen sehr großen Anteil an der dauerhaften Sichtbarmachung der beiden neueröffneten Kirchenbibliotheken gehabt.

Neue Chancen für die bestandsschonende Benutzung und überregionale Präsentation wertvoller Bücher bietet selbstverständlich die Digitalisierung. Dank einer (allerdings sehr bescheiden ausgestatteten) Initiative der Landesregierung wurden in den vergangenen Jahren an der Universitätsbibliothek Greifswald einige Altbestände über das Portal „Digitale Bibliothek Mecklenburg-Vorpommern" im Internet zugänglich gemacht. Während für das Geistliche Ministerium bisher erst wenige Angebote vorliegen, sind immerhin fast alle Bände der Block-Bibliothek digitalisiert und online verfügbar.[28] Auch die

Staatsbibliothek zu Berlin kann einen Beitrag zur Kenntnis der Block-Bibliothek leisten, denn zu unserer großen Überraschung stellten wir vor einiger Zeit fest, dass einer der wertvollsten Bände der Berliner Inkunabelsammlung, das Exemplar der berühmten, im Jahr 1465 von Johann Fust und Peter Schöffer in Mainz gedruckten Ausgabe von Ciceros „De officiis" (GW 6921), einen Besitzeintrag von Johannes Block trägt. Der Band stammt mithin aus Barth und wurde laut Akzessionsnummer im Jahr 1912 von der damaligen Königlichen Bibliothek gekauft.[29] Auch die Königliche Bibliothek Kopenhagen und die Universitätsbibliothek Greifswald besitzen Inkunabeln mit Barther Provenienz.[30]

Diese Streubestände weisen auf einen bislang unbeachteten Aspekt der regionalen Bibliotheksgeschichte hin: Nicht der gesamte Altbestand ist vor Ort erhalten, sondern es kam vereinzelt zu Abgaben, wie sie vor allem im 19. und frühen 20. Jahrhundert durchaus üblich waren. Betroffen von solchen, meist in akuter finanzieller Not der Unterhaltsträger begründeten Verkäufen waren, wie der Fall der Berliner Inkunabeln hinreichend verdeutlicht, nicht etwa irgendwelche ‚wertlosen Dubletten', die es aus Sicht der historischen Buchforschung ohnehin nicht gibt, sondern – vom materiellen wie vom ideellen Aspekt her – die Herzstücke der Sammlung. Wollen wir den Versuch einer Gesamtrekonstruktion der ältesten Barther Buchbestände unternehmen, so sind diese versprengten, doch besonders wichtigen Einzelbände stets zu berücksichtigen.

Wolgast, St. Petri

Das angeklungene Stichwort ‚Sammlungszerstreuung' führt zu unserer dritten Station, St. Petri in Wolgast.[31] Hier sehen wir uns mit dem historischen Kuriosum konfrontiert, dass wir es strenggenommen mit zwei alten Kirchenbibliotheken zu tun haben. Da ist zunächst der Urbestand der 1598 von dem Pastor Samuel Marcus begründeten und durch Ankäufe und Geschenke aus Privatsammlungen, Klöstern und Kirchen der Region erheblich erweiterten Bibliothek; unter anderem wurden dadurch wichtige Teile der Bibliothek des ansonsten weitgehend zerstörten Zisterzienserklosters Eldena bei Greifswald gerettet. Den Stadtbrand von 1713 überstand die Büchersammlung im noch heute genutzten Gewölberaum über dem südlichen Seitenschiff von St. Petri unbeschadet, nicht aber die Entwicklungen des bibliothekarisch bisweilen wenig aufgeklärt agierenden 19. Jahrhunderts. Ausgerechnet Baumaßnahmen an der Kirche führten dazu, dass fast der gesamte Bestand von 950 Bänden im Juli 1831 zu einem Schleuderpreis an die Universitätsbibliothek Greifswald verkauft werden musste. Zwar gelangte die Sammlung damit dauerhaft in ein sicheres Umfeld, jedoch hat das kulturelle Gedächtnis der Stadt Wolgast, das sich eben nur in ihren Mauern selbst manifestieren kann, durch den Verkauf einen nicht wiedergutzumachenden Verlust erlitten.

Erläutert sei dies am prominentesten Beispiel. Erst 1890, also mehr als ein halbes Jahrhundert nach dem Erwerb der Sammlung, bemerkte man in Greifswald, dass sich im Wolgaster Bestand eines der bedeutendsten Erzeugnisse des frühesten Buchdrucks überhaupt befand: ein herausragend ausgestattetes Exemplar der um 1458 gedruckten, so genannten 36-zeiligen Bibel (GW 4202). Bei dieser in zwei Bänden vorliegenden Zimelie handelt es sich um eines von nur vier weltweit erhaltenen, vollständigen Exemplaren, die auf Papier (und nicht auf Pergament) gedruckt wurden – mithin eine absolute Besonderheit. Um zu veranschaulichen, in welcher ,Preisklasse' wir uns hier befinden: Vor einiger Zeit bot das Londoner Antiquariat Quaritch ein Fragmentchen, gerade mal ein halbes Blatt aus einem Pergamentexemplar dieser Ausgabe, für den Betrag von 25.000 Euro an.[32] Der materielle wie ideelle Wert des Greifswald-Wolgaster Exemplars lässt sich schlichtweg nicht beziffern. Wäre es in St. Petri verblieben und hätte die Zeitläufte überstanden, wäre Wolgast heute ein Wallfahrtsort der internationalen Gutenberg-Forschung.

Den verantwortlichen Kirchenbibliothekar Karl Christian Heller, seit 1820 Archidiakon in Wolgast, reute der Verkauf so sehr, dass er schon bald danach und ohne finanzielle Hilfe begann, eine neue Büchersammlung in St. Petri aufzubauen. Bei seinem Tod 1837 hinterließ er einen Katalog von immerhin schon wieder 700 Nummern, die vor allem durch Schenkungen zusammengekommen waren. Unter den Stiftern befanden sich bedeutende Persönlichkeiten wie der aus Wolgast stammende Rechtshistoriker Carl Gustav Homeyer und der Gothaer Verleger Friedrich Christoph Perthes. Und Heller erreichte vor allem eines: „Die Regierung in Stralsund gab [ihm] nach langem Drängen die Zusicherung, daß die wiederbegründete Bibliothek unveräußerliches Eigentum der Kirche in Wolgast sei".[33]

Gemeinsam mit den Verantwortlichen vor Ort haben Jochen Bepler, Direktor der Dombibliothek Hildesheim, und ich im Jahr 2012 die vorhandenen Nachweisinstrumente und einen Teil des Bestandes gesichtet und eine Begehung der Bibliothek durchgeführt, deren Ergebnisse in einer Reihe gutachterlicher Empfehlungen und Beobachtungen zusammengefasst wurden. Die auch für Wolgast geplanten bzw. bereits in Angriff genommenen Umbaumaßnahmen werden hoffentlich zu einem erhöhten Bestandsschutz und zu einer besseren Zugänglichkeit der Bibliothek führen, denn bislang war sie nur über eine extrem enge und steile Wendeltreppe erreichbar. Der Raum selbst soll nach der Instandsetzung und einer Durchsicht der Sammlung die etwa 1500 vorhandenen Titel in großzügiger Aufstellung aufnehmen und auch für Kulturveranstaltungen genutzt werden.

Im Hinblick auf Alter, Umfang, Qualität und historische Bedeutung wird man die Bibliothek von St. Petri auf dem dritten Rang nach Barth und Greifswald einstufen. Doch auch hier finden sich Kostbarkeiten: ein seltenes gedrucktes Schreibmeisterbuch, rund zwei Dutzend alte Gesangbuchausgaben, handschriftliche Vorlesungsaufzeichnungen bedeutender pommerscher Persönlichkeiten, zahlreiche wissenschaftsgeschichtlich wichtige historische Dissertationen und Universitätsschriften. Alles in allem handelt es sich um ein qualitätvolles und interessantes historisches Ensemble aus vielen Wissensbereichen, dessen dauerhafter Sicherung und Wiederauferstehung man erwartungsvoll entgegensehen darf.

Ausblick

Abschließend sei nochmals der bemerkenswerte Umstand hervorgehoben, in welcher Dichte sich alte Kirchenbibliotheken in Vorpommern erhalten haben. Die hier beschriebenen ‚Leuchttürme' Barth, Greifswald und Wolgast sind die bekanntesten, doch gibt es weitere Sammlungen in der Region (kleinere und nicht ganz so kleine), die bislang kaum Aufmerksamkeit auf sich gezogen haben. In Barth etwa befinden sich, wie erwähnt, als Deposita die alten Pfarrbibliotheken der umliegenden Gemeinden Bodfeld, Flemendorf, Kenz und Saal, deren konservatorische Sicherung in naher Zukunft ebenfalls angegangen werden soll. Sie harren allesamt noch einer inhaltlichen Erschließung; besonders der ziemlich umfangreiche Flemendorfer Bestand scheint eine genauere Betrachtung zu lohnen. Weitere Beispiele sind die 1611 gestiftete Kirchenbibliothek in Loitz, in der über 600 Titel des 16. bis 19. Jahrhunderts liegen,[34] und die noch im 16. Jahrhundert gegründete Sammlung von St. Petri in Altentreptow mit wenigstens 300 historischen Bänden, darunter sechs noch nicht bestimmten Wiegendrucken[35]. Mit den Kirchenbibliotheken von Wiek (Wittow), Sagard und Lancken(-Granitz) auf Rügen hat sich bereits in den 1950er Jahren Gottfried Holtz, der damalige Direktor des Praktisch-Theologischen Instituts der Universität Rostock, eingehend befasst.[36] Jedoch geriet sein sehr detaillierter Aufsatz offenbar in Vergessenheit; das Handbuch kennt nur die Sammlung in Lancken-Granitz,[37] obwohl Wiek und Sagard erstaunliche, punktuell bis ins späte Mittelalter zurückreichende Bestände besitzen bzw. besaßen.[38] Auch in St. Jacobi in Gingst auf Rügen befindet sich ein Druck aus der Zeit um 1500.

Diese erstaunliche Konzentration historischer Kirchenbibliotheken und Buchbestände in Vorpommern ist bisher sowohl von der Fachwelt als auch von der Öffentlichkeit kaum wahrgenommen worden. Wünschenswert ist angesichts einer solch ungewöhnlichen Denkmaldichte ein von lokalen Autoritäten und Institutionen getragenes und wissenschaftlich unterstütztes Netzwerk, das zur verbesserten Sichtbarkeit und dadurch letztlich zur dauerhaften Sicherung der historischen Bestände beitragen kann. Im Beirat des Barther Fördervereins hat sich das Bild vom ‚Pommerschen Kirchendreieck Barth-Greifswald-Wolgast' eingebürgert, doch dürfte deutlich geworden sein, dass wir es bei eingehender Betrachtung eher mit einem bibliothekarischen Viel-Eck, einem ‚Pommern-Polygon', zu tun haben. Auch in Mecklenburg und Brandenburg mangelt es nicht an vergleichbaren Einrichtungen, und so sollten unsere Beispiele – auf den größeren kulturellen Kontext bezogen – Anlass für die Anregung geben, sich bei zukünftigen Planungen für bibliothekarische Netzwerke nicht von administrativen oder institutionellen, kulturhistorisch aber zumeist imaginären und fachlich sowieso irrelevanten Grenzziehungen aufhalten zu lassen.

Zuletzt noch eine Abschweifung aus aktuellem Anlass. Man kann derzeit kaum über alte Bibliotheken und ihr Schicksal sprechen, ohne auf ein Thema einzugehen, das seit geraumer Zeit weit über die Region hinaus die Gemüter erregt: auf den Verkauf der historischen Gymnasialbibliothek der Stadt Stralsund durch das dortige Stadtarchiv im Jahr 2012 und die anschließende ‚Entdeckung' der verheerenden konservatorischen Bedingungen in der gesamten Archivbibliothek,[39] die unter anderem spätmittelalterliche Bestände aus den ehemaligen Kirchenbibliotheken der Stadt enthält. Die konkreten Ereignisse und das sich anschließende, national wie international beobachtete Publicitydesaster suchen in diesem eher beschaulichen Landstrich Ihresgleichen, nicht nur in kulturpolitischer Hinsicht. Das Archiv und die Stadt Stralsund stehen nun vor gewaltigen Aufgaben, vor einer Sanierung oder einem Neubau des Depots und bibliotheksorganisatorischen Umstrukturierungen größeren Ausmaßes. Nach der inzwischen erfolgten Erstversorgung der betroffenen Bestände sind umfangreiche konservatorische Gesamtsicherungen und individuelle Schutz- und Restaurierungsmaßnahmen durchzuführen; eine vordringliche Aufgabe ist es, die seit Ewigkeiten verschleppte bibliothekarische Erschließung auf modernem Niveau in Angriff zu nehmen. Außerdem erwarten Forschung und Öffentlichkeit positive Signale, dass Stralsund sich zukünftig mit größerem Engagement mit den Beständen beschäftigt als in der jüngeren Vergangenheit. Einige bereits eingetretene positive Entwicklungen lassen hoffen. Derzeit zeigt die Stadt in hohem Maße verantwortliches Handeln für ihre Bibliothek und scheut nach meinem Eindruck keine Kosten und Mühen, um den eingetretenen Schaden nicht nur am eigenen Image, sondern an einem zentralen Kulturgut der Stadt und des Landes zu beheben.

Weil dies nicht der Ort ist, um über Vergangenheit und Zukunft der historischen Buchbestände des Stralsunder Archivs zu diskutieren, seien nur ein paar Aspekte hervorgehoben, die auch für unser Thema relevant sind. Bei aller verständlichen Aufregung über den Umgang mit der Gymnasialbibliothek, die dem Stadtarchiv als unveräußerliches Kulturgut anvertraut war, muss sich der Blick auf die Gesamtdimension richten: Die gymnasiale Sammlung mit ihren ehemals über 6000 Titeln ist nur ein Teil einer facettenreichen Archivbibliothek, die insgesamt 135.000 Bände umfasst. Im ältesten nichtarchivalischen Bestand befinden sich um die 50 mittelalterlichen Handschriften von teils hohem Alter und höchster Qualität und knapp 100 Inkunabeln bzw. Inkunabelfragmente. Dieses Bestandssegment umfasst übrigens auch die ältesten Bücher der Gymnasialbibliothek; sie waren nicht von dem Verkauf im Sommer 2012 betroffen und stehen daher nach wie vor unversehrt im Stadtarchiv.

Bei einer Besichtigung der Inkunabeln und der nichtarchivalischen Handschriften des Archivs, die ich im Februar 2013 gemeinsam mit Dr. Christoph

Mackert von der Universitätsbibliothek Leipzig durchgeführt habe, konnte festgestellt werden, dass einige der mittelalterlichen Codices ausweislich ihrer Schreibervermerke im 15. Jahrhundert von Weltgeistlichen in Barth geschrieben wurden. Diese Bände gehören also zu den ältesten erhaltenen Schriftzeugnissen Barther Provenienz, auch wenn sie wohl nicht aus der alten Pfarrbibliothek von St. Marien selbst stammen. Dies ist ein weiterer Hinweis darauf, dass die Erforschung der Barther Bibliotheks- und Bildungsgeschichte sich nicht allein auf die lokalen Bestände beschränken darf, sondern weitere, möglicherweise verstreute archivalisch-bibliothekarische Ressourcen heranzuziehen hat. Außerdem besitzt die Archivbibliothek die ältesten, noch spätmittelalterlichen Bücher aus der Stralsunder Pfarrkirche St. Nikolai (und vielleicht aus St. Marien), auch sie ein Teil des in der Stadt mit Recht zelebrierten Weltkulturerbes. Genauere Auswertungen und wissenschaftliche Beschreibungen des Altbestandes sollen mehrere derzeit in Planung befindliche Projekte erbringen, in deren Rahmen die Rekonstruktion der alten Stralsunder Kirchenbibliotheken ansteht. Wie von den weiteren Forschungen zu Barth, Greifswald, Wolgast und anderen Büchersammlungen der Region versprechen wir uns auch von den Stralsunder Projekten eine bessere Kenntnis der regionalen Pfarr- und Kirchenbibliotheken im Mittelalter und in der frühen Neuzeit und damit letztlich eine auf wachsender Sachkenntnis beruhende Wahrnehmung dieser weit über Vorpommern hinaus signifikanten kultur- und buchgeschichtlichen Schätze.

Lassen wir abschließend alle hier genannten Buchbestände nochmals Revue passieren, die großen wie die kleinen: Altentreptow, Barth, Bodfeld, Flemendorf, Gingst, Greifswald, Kenz, Lancken-Granitz, Loitz, Saal, Sagard, Stralsund, Wiek, Wolgast – nicht weniger als 14 historische Sammlungen, und weitere mögen im Lauf der Jahre zusätzlich ans Licht treten. Es zeichnet sich eine Mammutaufgabe ab. Die fachliche und konservatorische Erschließung und öffentlichkeitswirksame Präsentation dieser mannigfaltigen, verschiedenartigen, nicht immer leicht zugänglichen, darüber hinaus bisweilen konservatorisch prekären Bestände wird viel Zeit und Geld kosten, sofern man sich seitens der besitzenden Institutionen nicht zu rabiaten Lösungen wie Abgabe oder Verkauf hinreißen lässt. Die jeweils unmittelbar verantwortlichen und interessierten Personenkreise – die Pfarrerinnen und Pfarrer, die Kirchenältesten und die Ehrenamtlichen, die Förderer und Freunde – sind dringend auf anhaltende Unterstützung aus fachlichen Kreisen angewiesen, aber auch aus der kirchlichen Verwaltung, der Politik und der Öffentlichkeit. Dass solches Engagement belohnt wird, zeigt nicht zuletzt die erwähnte Verleihung des Europa Nostra-Preises für das Kulturerbe an den Förderverein Kirchenbibliothek St. Marien Barth e.V. am 20. März 2014. Diese Auszeichnung sollte allen, die sich für die Sicherung und Erschließung historischer Buchbestände in Vorpommern und anderswo verantwortlich fühlen, großer Ansporn und tiefe Bestätigung sein.

1 Anonymus: Vernichtung der Kirchenbibliothek zu Bernau im Jahre 1792. In: Berlinische Monatsschrift 22 (1793), S. 299–304. Den Hinweis auf diese Quelle verdanke ich meinem Berliner Freund und Kollegen Dr. Hartmut Kühne.

2 Vgl. Konrad von RABENAU: Barth. In: Handbuch der historischen Buchbestände in Deutschland, Bd. 16: Mecklenburg-Vorpommern/Brandenburg. Hg. von Friedhilde Krause. Hildesheim 1996, S. 46–52. Benutzt wurde hier und i.F. die Online-Version: <http://fabian.sub.uni-goettingen.de/fabian?St._Marien_(Barth)> (alle zitierten URL zuletzt eingesehen am 23. März 2014). Wo nicht anders angezeigt, folgen die historischen Daten und inhaltlichen Mitteilungen zu den einzelnen Bibliotheken den Angaben des Handbuchs; dort auch die ältere Literatur. Zu Barth vgl. weiterhin Jürgen GEISS: Die Kirchenbibliothek zu St. Marien in Barth. In: Stadt Barth – Beiträge zur Stadtgeschichte. Hg. von Jörg Scheffelke und Gerd Garber. Schwerin 2005, S. 413–416.

3 GEISS: Kirchenbibliothek (wie Anm. 2), S. 413.

4 Mecklenburgisches Urkundenbuch, hrsg. von dem Verein für Mecklenburgische Geschichte und Altertumskunde. Bd. 23. Schwerin 1911, S. 433–437 Nr. 13306, bes. S. 436.

5 Uwe CZUBATYNSKI: Armaria ecclesiae. Studien zur Geschichte des kirchlichen Bibliothekswesens. Neustadt an der Aisch 1998 (Veröffentlichungen der Arbeitsgemeinschaft der Archive und Bibliotheken in der evangelischen Kirche, 24 = Veröffentlichungen des Evangelischen Zentralarchivs in Berlin, 6), S. 211. Der Beleg aus dem Mecklenburgischen Urkundenbuch war aber schon der älteren regionalen Bibliotheksgeschichte nicht verborgen geblieben, denn Huts Testament und das Datum 1398 werden bereits erwähnt von Martin WEHRMANN: Einiges aus mittelalterlichen Bibliotheken Pommerns. In: D. Dr. Joh. Luthers Leben und Werk. Johannes Luther zum 70. Geburtstage. Greifswald 1931 [Separatabdruck aus der Greifswalder Zeitung], S. 25–30, hier S. 28f.

6 Zur Bedeutung von Testamenten für die Forschung vgl. etwa Ralf LUSIARDI: Stiftung und städtische Gesellschaft. Religiöse und soziale Aspekte des Stiftungsverhaltens im spätmittelalterlichen Stralsund. Berlin 2000 (Stiftungsgeschichten, 2).

7 Vergleichsbeispiele zur Einschätzung der finanziellen Dimension bei LUSIARDI: Stiftung (wie Anm. 6): Ein Stifter verbrieft dem Kloster Ribnitz „die exorbitante Summe von 1000 M sund." (S. 180 Anm. 21); für 454 Mark sundisch sollen „sowohl die Errichtung und Ausstattung" einer Kapelle „wie auch das Altarbenefizium finanziert werden" (S. 182 Anm. 27); die Stiftung des Priesters Michael Lilie umfasst ebenfalls ein Stiftungskapital von 600 M (S. 183 Anm. 30) usw.

8 Prof. Dr. Volker HONEMANN (Berlin) bereitet derzeit eine Studie mit dem Titel ‚Pfarrerbibliotheken und Pfarrbibliotheken im Deutschen Reich von den Anfängen bis zum Ende des 14. Jahrhunderts' zur Publikation vor. Ich danke ihm für die Erlaubnis zur Einsicht in das Manuskript.

9 Eine umfassende Studie zur Block-Bibliothek fehlt noch. Vgl. bislang Jürgen GEISS: Einbände für den Barther Reformator Johannes Block. In: Einbandforschung H. 12 (April 2013), S. 22–31; H. 13 (Oktober 2013), S. 13–25; H. 14 (April 2004), S. 12–20; H. 15 (Oktober 2004), S. 24–32; H. 16 (April 2005), S. 27–35.

10 <http://www.manuscripta-mediaevalia.de/?r5a!"Barth"> (Beschreibungen von Jürgen GEISS, Berlin).

11 <http://www.gesamtkatalogderwiegendrucke.de> (GW). Inkunabeln werden i.F. mit der GW-Nummer zitiert.

12 <www.barthbibliothek.de>.

13 Konrad von RABENAU: Greifswald, Bibliothek des Geistlichen Ministeriums. In: HANDBUCH (wie Anm. 2), <http://fabian.sub.uni-goettingen.de/?Geistliches_Ministerium> . Vgl. ferner Jürgen GEISS: Buchhandel, Bettelorden, Büchersammlungen. Erkundungen zur Bibliothekslandschaft im spätmittelalterlichen Greifswald. In: Quaerendo 41 (2011), S. 214–224; Guntram WILKS: Die Bibliothek des Geistlichen Ministeriums im Dom St. Nikolai zu Greifswald – Geschichte und Bedeutung. In: Pfarrkirchen in den Städten des Hanseraums. Beiträge eines Kolloquiums vom 10. bis 13. Dezember 2003 in der Hansestadt Stralsund. Hg. von Felix Biermann, Manfred Schneider und Thomas Terberger. Rahden/Westf. 2006 (Archäologie und Geschichte im Ostseeraum, 1), S. 183–191; Schätze der schwarzen Kunst. Wiegendrucke in Greifswald. Bearb. von Irene Erfen [Begleitbuch zur Ausstellung im Landesarchiv Greifswald, 1997]. Rostock 1997, bes. S. 28–42.

14 HANDBUCH (wie Anm. 13), Abschnitt 1.1.

15 Robert LÜHDER: Die Druckschriften der Bibliothek des geistlichen Ministeriums zu Greifswald in alphabetischem Verzeichnis mit einer Geschichte der Bibliothek. Greifswald 1908, Zitate S. 5 (Erläuterungen in runden Klammern von mir).

16 LÜHDER: Druckschriften (wie Anm. 15), S. 7.

17 LÜHDER: Druckschriften (wie Anm. 15), S. 8.

18 Zur gesamten Vorgeschichte vgl. LÜHDER: Druckschriften (wie Anm. 15), S. 4–34 (mit Abdruck des Inventars).

19 Das Fragment wurde von Dr. Christine Magin (Greifswald) aufgefunden, der ich für zahlreiche Mitteilungen herzlich danke. Es handelt sich um ein Pergamentblatt mit Text aus dem 1. Petrusbrief, Kap. 4, wohl aus einem norddeutschen Skriptorium des 12. Jahrhunderts; Trägerband ist die Signatur 1126.

20 Theodor PYL: Die Rubenow-Bibliothek. Die Handschriften und Urkunden der von Heinrich Rubenow 1456 gestifteten Juristen- und Artisten-Bibliothek zu Greifswald aus der Bibliothek der Nicolai-Kirche zu Greifswald. Greifswald 1865.

21 Wilhelm WATTENBACH: Über die Secte der Brüder vom freien Geiste. In: Sitzungsberichte der Königlich Preussischen Akademie der Wissenschaften zu Berlin 1887, S. 519–544; DERS.: Über das Handbuch eines Inquisitors in der Kirchenbibliothek St. Nikolai in Greifswald. Separatveröffentlichung aus den Abhandlungen der Königl. Preuss. Akademie der Wissenschaften zu Berlin vom Jahre 1888. Berlin 1889. Beide Aufsätze bequem zugänglich in Wilhelm WATTENBACH: Kleine Abhandlungen zur mittelalterlichen Geschichte. Gesammelte Berliner Akademieschriften 1882–1897. Leipzig 1970 (Opuscula 1) S. 239–292; vgl. Jürgen GEISS: Mittelalterliche Handschriften in Greifswalder Bibliotheken. Verzeichnis der Bestände der Bibliothek des Geistlichen Ministeriums (Dombibliothek St. Nikolai), der Universitätsbibliothek und des Universitätsarchivs. Wiesbaden 2009, S. 107f.

22 Jürgen PETERSOHN: Translatio divi Faustini. Ein unbekanntes Kamminer Faustinusmirakel. In: Baltische Studien NF 53 (1967), S. 43–47.

23 LÜHDER: Druckschriften (wie Anm. 15), S. 44.

24 GEISS: Handschriften (wie Anm. 21), S. 50f.

25 HANDBUCH (wie Anm. 13).

26 Geiss: Handschriften (wie Anm. 21). Zur Geschichte der Sammlung bes. S. XXXI–XLIII; Inkunabeln in Greifswalder Bibliotheken. Verzeichnis der Bestände der Universitätsbibliothek Greifswald, der Bibliothek des Geistlichen Ministeriums und des Landesarchivs Greifswald. Bearb. von Thomas Wilhelmi unter Mitarbeit von Konrad von Rabenau und Ewa Dubowik-Belka. Wiesbaden 1997, bes. S. 14f.

27 Ein Beispiel ist ein an den Universitäten Düsseldorf (Peter Hinkelmanns M.A.) und Würzburg (Prof. Dr. Matthias Schulz) angesiedeltes Projekt, das sich der Erforschung der Greifswalder Stadtsprache im Mittelalter und in der Frühen Neuzeit widmet und dabei auch die deutschsprachigen Quellen aus der Bibliothek des Geistlichen Ministeriums heranzieht, vgl. <http://www.phil-fak.uni-duesseldorf.de/germ1/professur-sprachwissenschaft/univ-prof-dr-matthias-schulz/forschung/> sowie das von Studierenden erarbeitete Wiki-Projekt „Mittelniederdeutsch in der Bibliothek des Geistlichen Ministeriums, Greifswald": <http://gm.phil.hhu.de>.

28 <http://ub-goobi-pr2.ub.uni-greifswald.de/viewer/>. Am 23. März 2014 waren 135 Digitalisate von Werken aus Barth (134 Block-Bibliothek, 1 Barther Bibel) und neun aus dem Geistlichen Ministerium dort aufgeführt. Die Navigation und die Metadaten-Erfassung in der Digitalen Bibliothek lassen einige Wünsche offen, so dass vor allem dem Laien das Auffinden bestimmter Werke und Bestände nicht eben leichtgemacht wird.

29 Staatsbibliothek zu Berlin – Preußischer Kulturbesitz, 4° Inc 1515.5; Besitzeintrag: *Liber Johannis Block presbyteri Caminensis diocesis predica(tor)*. Laut Akzessionsvermerk wurde der Band im Jahr 1912 beim Antiquariat Baer in Frankfurt (Main) gekauft. Angebunden ist ein seltener Druck aus der Offizin der Michaelisbrüder in Rostock aus dem Jahr 1477 (GW M50547): Vincentius Bellovacensis: „De liberali ingenuorum institutione". Beide Inkunabeln sind online zugänglich: <http://resolver.staatsbibliothek-berlin.de/SBB0000CDA900000000> (Cicero); <http://resolver.staatsbibliothek-berlin.de/SBB0000CDAD00000000> (Vincentius).

30 Victor Madsen: Katalog over det Kongelige Biblioteks Inkunabler. Bd. 2. Kopenhagen, 1938, Nr. 2644; Wilhelmi: Inkunabeln (wie Anm. 26), Nr. 146.

31 Das Folgende i.W. nach Erika Kehnscherper: Wolgast, Bibliothek der evangelischen Kirchengemeinde St. Petri. In: Handbuch (wie Anm. 2), <http://fabian.sub.uni-goettingen.de/?Kirchengemeinde_St._Petri>.

32 Vgl. Bernard Quaritch: Catalogue 1422. Continental Books and Manuscripts. Medieval Manuscript Leaves. London 2013, Nr. 4.

33 Handbuch (wie Anm. 31), Abschnitt 1.3.

34 Konrad von Rabenau: Loitz, Kirchenbibliothek. In: Handbuch (wie Anm. 2) <http://fabian.sub.uni-goettingen.de/fabian?Kirchenbibliothek_(Loitz)>.

35 Konrad von Rabenau: Altentreptow, Kirchenbibliothek St. Petri. In: Handbuch (wie Anm. 2), <http://fabian.sub.uni-goettingen.de/fabian?St._Petri_(Altentreptow)>.

36 Gottfried Holtz: Ländliche Kirchenbibliotheken auf Rügen. In: Wissenschaftliche Zeitschrift der Universität Rostock 5 (1955/56), S. 69–107.

37 Erika Kehnscherper: Lancken, Bibliothek der Evangelischen Kirchengemeinde. In: Handbuch (wie Anm. 2), <http://fabian.sub.uni-goettingen.de/fabian?Evangelischen_Kirchengemeinde_(Lancken)>.

38 Holtz: Kirchenbibliotheken (wie Anm. 36), S. 71–84 zu Wiek, S. 85–95 zu Sagard. Als ältestes Wieker Buch führt er eine vierbändige Nicolaus von Lyra-Ausgabe wohl noch aus der Inkunabelzeit an, für Sagard eine venezianische Laktanz-Ausgabe aus dem Jahr 1497 (GW M16553). Im Rahmen dieses Beitrags konnte nicht geklärt werden, ob sich die Sammlungen noch vor Ort befinden. – Für Hinweise auch zu den vorpommerschen Kirchenbibliotheken sei an dieser Stelle Herrn Dr. Carl Ehrig-Eggert (Mainz) gedankt, der sich in einem privaten Projekt der „Erschließung der Bestände der früheren und noch existierenden oberhessischen Kirchenbibliotheken" verschrieben hat (briefliche Mitteilung vom 7. November 2013). Er hat mir außerdem freundlicherweise sein Typoskript „Die Kirchenbibliothek Alsfeld – Geschichte und heutiger Bestand" (Mainz 2013) zur Verfügung gestellt. Eine historische Parallele zu Barth liegt im frühen Nachweis der Alsfelder Sammlung, vgl. Fritz Herrmann: Eine Bücherschenkung an die Pfarrkirche zu Alsfeld aus dem Jahre 1371. In: Mitteilungen des Geschichts- und Altertumsvereins der Stadt Alsfeld, 1. Reihe (1902/1907), S. 1–5.

39 Vgl. Gisela Klostermann: Stralsund, Archivbibliothek. In: Handbuch (wie Anm. 2), <http://fabian.sub.uni-goettingen.de/fabian?Archivbibliothek_Stralsund>. Die Stadt Stralsund informiert über die Angelegenheit fortlaufend unter <http://www.stralsund.de/shared/Nachrichtenportal/Gymnasialbibliothek/>. Kurz nach der Wende erschien eine reich bebilderte und noch heute für wenig Geld zu erwerbende Publikation über das Archiv, in dem auch die bibliothekarischen Schätze angemessen berücksichtigt werden: Herbert Ewe: Kostbarkeiten in Klostermauern. Rostock 1990.

Gedanken zum Kirchenbau und zur Kirchenbauerhaltung in der Nordkirche

Jan Simonsen

Die Nordkirche ist die bundesweit jüngste evangelische Landeskirche. Gegründet wurde die „Evangelisch-Lutherische Kirche in Norddeutschland", wie sie offiziell heißt, Pfingsten 2012 als Zusammenschluss der Nordelbischen Kirche, der Landeskirche Mecklenburgs und der Pommerschen Kirche. Es war die erste Fusion von Landeskirchen der alten Bundesrepublik und der ehemaligen DDR.

Mit 2,25 Millionen Mitgliedern ist die Nordkirche die fünftgrößte Landeskirche in der Evangelischen Kirche in Deutschland (EKD) und erstreckt sich über Schleswig-Holstein, Hamburg und Mecklenburg-Vorpommern. Flächenmäßig ist sie nach Bayern die zweitgrößte Landeskirche. Ihr Gebiet reicht vom südlichen Dänemark bis zur polnischen Grenze.

1 Gebiet der Nordkirche

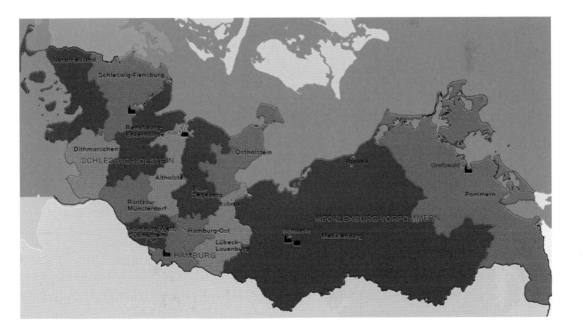

Die Nordkirche gilt als Urlaubskirche: Ihre Küstenlinie an Nord- und Ostsee ist rund 850 Kilometer lang. Rechnet man Inseln und Halligen mit, kommt man auf rund 3000 Kilometer Küste. Dazu kommen Touristenziele wie die Mecklenburgische Seenplatte, die Holsteinische Schweiz und die Metropole Hamburg (Abb. 1).

Sichtbares Zeichen des Gemeindelebens sind die mehr als 1900 Kirchen und Kapellen. Davon stehen allein knapp 1200 in Mecklenburg-Vorpommern. Insgesamt 1715 Pastorinnen und Pastoren arbeiteten Ende 2012 in der Nordkirche. Der Frauenanteil beträgt 38,6 %. Außerdem sind hier mehr als 82.000 Ehrenamtliche aktiv

Aufgeteilt ist die Nordkirche in 13 Kirchenkreise: Dithmarschen ist mit knapp 90.000 Mitgliedern der kleinste, Hamburg-Ost mit mehr als 460.000 der größte Kirchenkreis. Neben dem Landesbischof in Schwerin gibt es derzeit drei Sprengelbischöfe: Kirsten Fehrs in Hamburg, Andreas von Maltzahn in Schwerin und Hans-Jürgen Abromeit in Greifswald. In Schleswig hat der Bischofsbevollmächtigte Gothart Magaard[1] die Amtsgeschäfte von Bischof Gerhard Ulrich übernommen, der seit dem 3. Juni 2013 das Amt des Landesbischofs innehat.[2]

Das Baudezernat im Landeskirchenamt

Dem Baudezernat im Landeskirchenamt der Nordkirche kommt nach der Verfassung der Evangelisch-Lutherischen Kirche in Norddeutschland die Aufgabe zu, nach vorheriger Beratung Beschlüsse des Kirchengemeinderates in folgenden Angelegenheiten zu genehmigen:

1. Widmung und Entwidmung von Kirchen und weiteren gottesdienstlich genutzten Gebäuden der Kirchengemeinde;
2. Bau- und Gestaltungsmaßnahmen an und in Kirchen, den weiteren gottesdienstlich genutzten Gebäuden und eingetragenen Kulturdenkmalen der Kirchengemeinde sowie an Freianlagen und Gebäuden in deren Umgebungsbereich;
3. Glocken- und Orgelbaumaßnahmen an und in Kirchen und den weiteren gottesdienstlich genutzten Gebäuden der Kirchengemeinde;
4. Erwerb, Veräußerung, Ausleihe und Veränderung von Kunst- und Ausstattungsgegenständen von besonderem Wert;

Darüber hinaus stimmen sich die Referentinnen und Referenten im Baudezernat mit den staatlichen Denkmalschutzbehörden in Schleswig-Holstein, Mecklenburg-Vorpommern und Brandenburg sowie in den Hansestädten Hamburg und Lübeck ab und erteilen denkmalrechtliche Genehmigungen.

Die Fortbildung der Mitarbeitenden in den Bauabteilungen der Kirchenkreise, die Beteiligung in der Ausbildung während des Vikariates gehört ebenso zu den Aufgaben des Baudezernates wie die landeskirchliche Koordination im Bereich Arbeitssicherheit und Gesundheitsschutz.

Zu den bereits oben erwähnten rund 1900 Kirchen und Kapellen in der Nordkirche kommen weitere 800 Gebäude, die unter Denkmalschutz stehen und für die ebenfalls die Beratung und ggfs. Genehmigung durch das Baudezernat geschieht, zusammen also etwa 2700 Gebäude.

Während in den Sprengeln Schleswig und Holstein sowie Hamburg und Lübeck, also auf dem Gebiet der ehemaligen nordelbischen Kirche, durchschnittlich ca. 2450 Gemeindeglieder pro Kirchengebäude zu zählen sind, sind es auf dem Gebiet der ehemaligen mecklenburgischen und pommerschen Kirche, also im heutigen Sprengel Mecklenburg und Pommern, unter ca. 245 Gemeindeglieder pro Kirchengebäude.

Aus diesem Vergleich lässt sich gut ableiten, welche auch personellen Ressourcen jeweils zur Verfügung stehen und wie bei Planungs- und Baumaßnahmen die Begleitung vor Ort durch die Gemeinde, also den Bauherrn, geschehen kann.

Umso erfreulicher ist es festzustellen, dass trotz dieser manchmal schwierigen Voraussetzungen der Baubestand in einem insgesamt befriedigenden Erhaltungszustand ist, auch wenn es im Einzelfall immer mal zu vorübergehenden Sperrungen oder Teilsperrungen kommen muss.

Nicht nur, dass die Kirche im Dorf bleiben muss, sie zeugt als besonderes Kulturgut in mehrfacher Hinsicht, in einer mehr oder weniger säkularisierten Welt, von unseren Wurzeln, von der Gegenwart und weist darüber hinaus in die Zukunft.

Wie kommt nun das Baudezernat seinen vielfältigen Aufgaben nach? Das Gebiet der Evangelisch-Lutherischen Kirche in Norddeutschland ist in neun Bereiche gegliedert. Jede Referentin und jeder Referent hat die Zuständigkeit für einen Bereich, der jeweils rund 300 Gebäude umfasst. Um der großen Fläche der Nordkirche gerecht zu werden, ist das Baudezernat, anders als andere Dezernate im Landeskirchenamt, dezentral organisiert: Drei Referentinnen und Referenten sind von Kiel aus im Gebiet der Sprengel Schleswig und Holstein sowie Hamburg und Lübeck tätig, vier von Schwerin aus für den mecklenburgischen Teil des Sprengels Mecklenburg und Pommern sowie auch für Teile des Sprengels Hamburg und Lübeck und zwei für das Gebiet der ehemaligen pommerschen Kirche. Noch gelten auf den Gebieten der jeweiligen ehemals eigenständigen Landeskirchen unterschiedliche rechtliche Grundlagen, sofern deren Regelungen nicht gegen Verfassung und Einführungsgesetz der Nordkirche verstoßen. Es wird angestrebt, bis zum Jahre 2016 zu einer Vereinheitlichung der Baugesetzgebung zu kommen.

Die Kirchenbibliothek in Barth

Das Projekt „BIBLIOTECA BARDENSIS" zeigt auf eindrucksvolle Weise, wie eine Kirchengemeinde, der eine einzigartige Bibliothek mit seltenem historischem Buchbestand anvertraut ist, diesen in großem Verantwortungsbe-

wusstsein für nachfolgende Generationen rettet, erhält und nutzbar macht. Dabei spielen die flankierenden Gesichtspunkte der Erhaltung auch der baulichen Hülle zwar nicht die zentrale, aber doch zumindest eine bedeutende Rolle. Denn beide Aspekte, hier die Erhaltung der bedeutenden Bibliothek, dort die Sicherung und Erhaltung der baulichen Gegebenheiten, befruchten einander: Das eine wäre ohne das andere kaum möglich (Abb. 2). Dabei soll nicht unerwähnt bleiben, dass für das Baudezernat im Landeskirchenamt der Nordkirche die Erhaltung und Pflege des (denkmalgeschützten) Kirchengebäudes im Vordergrund steht (Abb. 3), darüber hinaus aber selbstverständlich auch all das, was zur Ausstattung gehört. Und weil eine so wertvolle Bibliothek gewissermaßen als integraler Bestandteil der Barther St. Marienkirche anzusehen ist, konnte es bei diesem Projekt zu dieser glücklichen Verbindung kommen, indem die Sicherung und der Erhalt der wertvollen Bücher gleichermaßen zum Erhalt des Kirchengebäudes insgesamt beitragen.

Es gilt immer wieder zu betonen, dass ein solches Projekt nur möglich ist, wenn sich die Initiative vor Ort, in der Kirchengemeinde entwickelt und dort das Projekt auch weiter vorangebracht wird – im Falle der Barther Kirchenbibliothek glücklicherweise wesentlich getragen durch einen dafür ins Leben gerufenen Förderverein, der, unterstützt von vielen Interessierten und Fachleuten aus ganz Deutschland, sich dieser großen und spannenden Aufgabe angenommen hat.

Das Baudezernat im Landeskirchenamt der Nordkirche hat hier insbesondere bezüglich der denkmalrechtlichen Fragen zum Gebäude und damit zur baulichen Hülle der Bibliothek, im Rahmen der gesamten Instandsetzung der St. Marienkirche, beraten und genehmigt. In den Stellungnahmen gegenüber den Fördermittelgebern wurde immer wieder die Notwendigkeit auch der baulichen Instandsetzungs- und Restaurierungsmaßnahmen im Rahmen dieses Projektes bestätigt, damit eine entsprechende Priorisierung jeweils erfolgen konnte.

3 Kirche St. Marien in Barth

---

1 Am 11. April 2014 fand im Schleswiger Dom die Wahl Gothart Magaards zum Bischof im Sprengel Schleswig und Holstein statt.

2 www.nordkirche.de. Der Website ist auch die Abbildung des Gebiets entnommen. Die übrigen Abbildungen entstammen http://de.wikipedia.org/wiki/St.-Marien-Kirche_(Barth) und http://www.barthbibliothek.de/photos/index.html.

Die Kirchenbibliothek
im Barther Kulturverbund

Gerd Albrecht

Bedeutsame Gebäudekomplexe der Stadt Barth sollen zukünftig in einen erlebbaren Zusammenhang gestellt werden und ihre neue Bestimmung in einer „Barther Kulturmeile" finden. Sie bilden einen wesentlichen Bestandteil des Kulturverbunds, in deren optischem Zentrum die gotische Hallenkirche St. Marien liegt. In ihrer überregionalen Bedeutung ist die St. Marienkirche wie ein in Backstein gebranntes Gedächtnis des „Barther Landes". In ihren Mauern wird seit Jahrhunderten die geistige, buchstabencodierte Informationszentrale der Region bewahrt - die Kirchenbibliothek „Bibliotheca Bardensis". Schon am Ende des 14. Jahrhundert finden sich Hinweise auf ihre Existenz. Auch weitere einzigartige Kulturdenkmale der frühen Neuzeit konnten in Barth über die Jahrhunderte erhalten werden und sollen nun in die „Kulturmeile" einbezogen werden: Reste der alten Fürstenburg und spä-

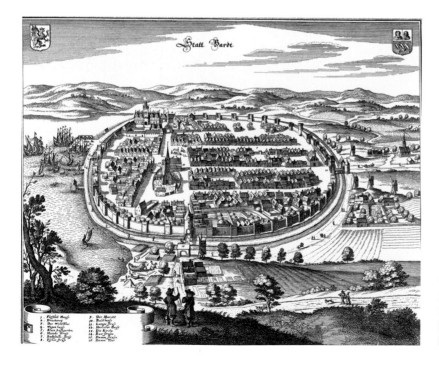

1   Stadt Barth aus Merians Topographia Electoratius Brandenburgici et Ducatus Pomeraniae 1652

2 Ausschnitt aus Merians Stadtabbildung mit der Handelsachse und der St. Jürgenkirche (a)

teren Schlossanlage (die heute im Adligen Fräuleinstift aufgegangen sind), der Papenhof sowie Reste der alten Bewehrungsanlagen mit Damm- und Fangelturm.

Die mittelalterliche Stadtplanung

Die Raumstruktur des mittelalterlichen Stadtkerns hat sich bis heute erhalten.[1] Grundstücksgrößen und Straßenverläufe geben ein charakteristisches Bild einer Stadtsiedlung nach Lübischem Recht aus dem 13. und 14. Jahrhundert. Der Altstadtkern (das bis heute gut erlebbare „Barther Ei", Abb. 1) misst in seiner Grundstruktur 450 m in Ost-West Richtung und 520 m in Nord-Süd Ausdehnung.

Eine Nord-Südachse, die in den deutschen Ostseestädten fast immer die „ökonomische Handelsachse" bildet, findet sich auch in Barth. Vom Hafen ausgehend führt sie – über den Marktplatz mit der Marienkirche – in die Lange Straße mit repräsentativen Bürgerhäusern bis in die Vorstadt. Hier findet sich eine St. Jürgenkirche mit Hospital, was typisch ist für bedeutsame Wegekreuzungen. In Barth trafen sich die Handelsrouten zwischen den Hansestädten Stralsund und Rostock mit der Verbindung ins Hinterland über Kenz, Franzburg (Kloster Neuenkamp – Pilgerweg) Richtung Tribsees.

Heute beherbergt die St. Jürgenkirche (s. Abb. 2a – Abb.1) das Niederdeutsche Bibelzentrum, einen der wesentlichen Kulturträger der Stadt.

Vom Adligen Fräuleinstift ehemals Schlossanlage (Abb. 3b) mit seinem großen Gartenareal über den Marktplatz (Abb. 3c) und den Marienhof (Abb. 3d) zum Papenhof (Abb. 3e, das umfriedetes Giebelhaus am linken Bildrand mit einer auffälligen Gartenanlage) bis hin zum Dammtor (Abb. 3f), wird die historische „geistige Achse" der Stadt gebildet. Diese Achse soll zukünftig die Kulturmeile und damit das Kernstück des Barther Kulturverbunds bilden.

Herzog Bogislaw XIII. und sein Wirken in der Region

Die Barther Kulturgeschichte erfährt einen einzigartigen Schub unter der Regentschaft von Bogislaw XIII. (1544–1606). Auf dem Wolgaster Schloss geboren ging er mit 14 Jahren zum Studium an die Greifswalder Universität. In der Folgezeit erwarb er durch mehrere Reisen eine vorzügliche Ausbildung. Als

25-Jähriger übernahm Bogislaw 1569 die Herrschaft in den Ämtern Barth und Neuenkamp. Drei Jahre später heiratete er Clara von Lüneburg, eine Tochter des Herzogs Franz von Braunschweig und Lüneburg. Von ihren elf Kindern erreichen nur wenige das Jugendalter. Für die weitere Geschichte des pommerschen Herzogtums spielen seine Söhne Philipp II. (bedeutendster Renaissancefürst Pommerns) und Bogislaw XIV. (letzter Fürst aus dem Greifengeschlecht) sowie seine jüngste Tochter Anna Herzogin von Croy eine entscheidende Rolle. Die in Barth geborenen Fürstenkinder wuchsen unter der Erziehung angesehener Lehrer heran. Tatkräftig hatte sich Bogislaw XIII. der wirtschaftlichen und kulturellen Entwicklung seines Herrschaftsbereichs angenommen. Bereits 1573 ließ er auf dem alten Fürstenhof ein Residenzschloss in den Abmaßen von 53 x 23 Metern errichten.[2]

In einem Nebengebäude des Barther Schlosses (Abb. 3b) wurde 1582 die fürstliche Druckerei gegründet, was zu den besonderen Verdiensten Bogislaws XIII. zählt – und Wirkung und Anerkennung weit über den pommerschen Raum hinaus bedeutete. Mit seiner Druckerei wollte der Herzog neben der allgemeinen Förderung des Geisteslebens und des Schulwesens auch die lutherische Reformation in Pommern fest verwurzeln (Abb. 4). Dieser Absicht diente auch der 1588 abgeschlossene Bibeldruck. Hierfür konnte er Jacob Lucius gewinnen, einen der bedeutendsten Drucker des 16. Jahrhunderts. Lucius verwendete für den Bibeldruck fast 700 Schrift-Typen und zehn verschiedene Typensätze. Er stattete ihn mit 90 Holzschnitten aus; bei einem Teil der Auflage wurden sie koloriert. Die ursprünglich etwa 1000 Exemplare wurden in Pommern vorwiegend als Altarbibeln genutzt. Weltweit sind heute nur noch etwas über 20 Exemplare erhalten geblieben. Von den hier erhaltenen ist eins im Besitz des Kulturhistorischen Museums in Stralsund und eins im Besitz des Barther Vineta-Museums. Ein weiteres Exemplar aus der Bibliotheca Bardensis befindet sich – als Leihgabe der Kirchengemeinde Barth – heute im Niederdeutschen Bibelzentrum St. Jürgen, welches das Andenken an diese bedeutende Ausgabe der Bibel in Niederdeutscher Sprache pflegt.

4 Barther Stadtansicht von 1593 auf dem in Barth gedruckten Stammbaum des pommerschen Fürstenhauses

Ein 2012 im Kunsthandel aufgetauchtes Porträt des „Barther Herzogs" konnte 2013 von der Ostdeutschen Sparkassenstiftung für die Stadt erworben werden. Seitdem zeigt das Vineta-Museum dieses einmalige, nach heutigem Kenntnisstand bisher nicht dokumentierte kulturgeschichtliche Zeugnis, das dessen Sohn (der letzte Herzog aus dem Greifengeschlecht) in Auftrag geben hatte.

In jüngster Zeit konnten bei bauhistorischen Untersuchungen wertvolle Befunde aus der Regentschaft Bogislaws XIII. erhoben werden. Das gilt insbesondere für die Grabungen im Bereich des Schlossvorhofs (Hunnenstraße) durch die Barther Archäologin Marlies Konze sowie die intensive Forschung des Bauhistorikers Torsten Rütz und des Restaurators Heiko Brandner am Papenhof, die die Qualitäten der Bautätigkeit und des Kunsthandwerks in dieser Blütezeit Barths, die viele Impulse in den Ostseeraum sendete, dokumentieren.

Der Papenhof

Mit dem Papenhof hat sich in Barth ein Haus von hohem landesgeschichtlichen und denkmalkundigen Wert erhalten, dessen Baugeschichte sich mit Sicherheit bis in das 15. Jahrhundert zurückverfolgen lässt. Schriftliche Überlieferungen aus dem Kirchenarchiv am Ende des 14. Jahrhunderts lassen sogar ein noch höheres Alter vermuten.[3]

„Bisher nachweisbar ist ein 6 Meter breites und 22 Meter langes zweigeschossiges Haus wohl des mittleren 15. Jahrhunderts, das um 1500 umfangreich umgebaut und an der Ostseite mit einem etwa viereinhalb Meter hohen Saal ausgestattet war. Der Westteil des Hauses ist zu dieser Zeit zweigeschossig. Den mittelalterlichen Mauerwerksbefunden kann eine überregionale Bedeutung beigemessen werden, da spätmittelalterliche Häuser von Priester-Bruderschaften in Norddeutschland kaum erhalten geblieben sind. Das Barther Beispiel lässt weitere Aufschlüsse über die Struktur derartiger Häuser erwarten".

Das 1585 von Bogislaw XIII. unter Einbeziehung des Vorgängerbaus für dessen Amtshauptmann Joachim Steding entstandene Renaissancehaus dürfte das älteste erhaltene Wohnhaus Barths sein und gleichzeitig eines der wenigen baulichen Zeugnisse aus der Barther Herzogszeit,[4] das auch einzigartige restauratorische Befunde wie mittelalterliche Raumfassungsreste, deutliche Fassungen aus der Herzogszeit und sogar Reste eines Renaissancefensters aufweist. Letzteres scheint ein landesweit einmaliger bauhistorischer Fund zu sein.

Der Papenhof, der wie kein anderes städtisches Gebäude die Stadt- und Regionalgeschichte des Barther Landes über ungefähr 700 Jahre widerspiegelt, gilt als besonders geeignet, eine regionalgeschichtliche Sammlung aufzunehmen und dabei selbst Gegenstand der Ausstellung zu werden. Damit wird er zukünftig einen wesentlichen Baustein für den Kulturverbund bilden. In Kombination mit einem Sonderausstellungsbereich im Papenhof wird sowohl permanent als auch themenabhängig temporär auf die überregional bedeutsamen Impulse und Kulturleistungen, die mit dem Barther Land verknüpft sind, hingewiesen werden können. Bisher zeigt das Vineta-Museum aus Platzmangel keine Dauerausstellung der stadt- bzw. regionalgeschichtlichen Sammlung.

Stadtschule und Bürgerhaus

Eine beachtliche wirtschaftliche Dynamik setzte in Barth mit dem Zenit der Segelschifffahrt sowie dem Aufstieg zum regionalen Industrie- und Gewerbezentrum um die Mitte des 19. Jahrhunderts ein. Unter den Bauten, die in dieser Zeit errichtet wurden, sind vor allem auch Schulgebäude von architekturgeschichtlichem Belang. Den Anfang machte die ehemalige Stadtschule (spätere Fritz-Reuter-Schule), die am 31. Mai 1855 eingeweiht wurde. Die Fassadengestaltung des massiven Putzbaus war noch spätklassizistisch und erfolgte mit einem verhältnismäßig großen gestalterischen Aufwand im Sinne der Berliner Schinkelschule. Friedrich August Stüler (1800–1865) – ein Schinkel-Schüler und Nachfolger Schinkels (1781–1841) – hatte 1853 den Auftrag für die Neugestaltung der Marienkirche in Barth erhalten und sollte gemeinsam mit Ernst von Haselberg (1827–1905) ein historisches Werk von hohem Rang in Barth entstehen lassen.[5]

Zukünftig sollen im ehemaligen Stadtschulgebäude, das wieder in die historischen Proportionen zurückgebaut werden soll, ein Wechselspiel zwischen

Bürgerengagement, Begegnung und Information seinen Sitz haben. Sowohl die Stadtbibliothek als auch die Stadtinformation sollen ihren neuen Standort an der zentralen Kulturmeile im „Bürgerhaus" finden. Mit diesem Funktionswandel soll gleichzeitig auch eine Bausünde aus dem Jahr 1973 korrigiert werden. „Bei einer durchgeführten rigiden Sanierung verlor Barths erster neuzeitlicher Schulbau (1855) sein Gesicht und hat seitdem das Aussehen eines anonymen Kastens".[6]

Adliges Fräuleinstift

Zwei weitere, die Barther Stadtsilhouette prägende Gebäude sollen ebenfalls dauerhaft in den Kulturverbund integriert werden: Ganz im Osten ist es das Adlige Fräuleinstift, welches umgangssprachlich Kloster genannt wird und heute im zentralen Mittelteil als Sonderausstellungsbereich des Vineta-Museums genutzt wird. Die derzeitigen Eigentumsverhältnisse lassen bisher leider keine langfristigen Planungen zu. Es bleibt jedoch zu hoffen, dass dieses bedeutende Gebäude auch zukünftig öffentlich und kulturell genutzt werden kann. Es wurde 1733 von König Friedrich I. von Schweden und seiner Gemahlin Ulrike Eleonore gegründet und befindet sich zum Teil auf den Kellergewölben des 1727 abgebrochenen Schlosses. Die dreiflügelige Anlage besteht aus eingeschossigen Backsteinbauten mit Mansarddach und einem zweigeschossigen Mittelbau und gilt als einzige auf deutschem Boden befindliche schwedische Stiftung. Das rechteckige Areal wird von Mauern umgeben. Durch ein Rundbogenportal von 1741 an der Westseite verlässt man den großzügigen Gartenbereich.

Dammtor

Ganz im Westen der Kulturmeile bestimmt das Dammtor die Stadtsilhouette und schließt die Kulturmeile ab. Es ist ein lang gehegter Wunsch der Barther Bevölkerung, dieses Symbol einer ehrwürdigen Stadtgeschichte wenigstens partiell öffentlich zugänglich werden zu lassen. Es ist ein weiterer Backsteinbau, der identitätsstiftend den Kulturverbund bereichert und gleichzeitig als wichtiges Eingangsportal aus nordwestlicher Richtung fungiert, um die Besucher der Stadt auf die geistige und kulturelle Mitte des Ortes hinzulenken.

Gartenanlage des königlich-preußischen Hofgartendirektors Ferdinand Jühlke (1815–1893)

Die Barther Kulturmeile wird im Osten beginnend von zahlreichen historischen Gartenanlagen und Freiflächen flankiert (Stiftsgarten, Marktplatz, Marienkirchhof – Entwurf F. Jühlke, Pfarrgarten, Fritz-Reuter-Schulhof und historischer Garten des Papenhofs).

Der in Barth geborene Ferdinand Jühlke soll als Ehrenbürger der Stadt anlässlich seines 200. Geburtstages mit einer Konzeption für das zukünftige innerstädtische Grün geehrt werden, mit deren Umsetzung noch im Jubiläumsjahr 2015 begonnen werden könnte, z. B. am Marienkirchhof und im Garten des Papenhofs. Der Begründer der internationalen Gartenschauen (1865) und königlich-preußische Hofgartendirektor von 1866–1893 hat als Gartenbaulehrer und Gestalter die gartenbaulichen Leistungen in Preußen, aber auch besonders im Barther Land, analysiert, dokumentiert[7] und entwickelt. In der Region haben sich Anlagen von Jühlke in Stralsund und Barth erhalten. Während die Gartenschöpfungen in Stralsund schon wieder deutlich in der Formensprache Jühlkes zu erkennen sind, warten sie in seiner Heimatstadt noch auf eine Wiederherstellung.

Zielstellung

Eine belebte Kulturmeile ist das Anliegen und Ziel des Barther Kulturverbundes, der netzwerkartig die Zeugnisse der Vergangenheit mit den Einrichtungen und Erfordernissen der Gegenwart verbindet und wichtige Träger der Kultur wie Vereine, Theater, Bibliotheken, Begegnungsstätten und Museen in Stadt und Kirche koordiniert und in lebendiger Veränderung bewahren möchte.

Das steinerne Gedächtnis in Form von Kunst und Architektur sowie das mediengestützte Gedächtnis in Form der Bibliotheken und Archive sind dabei unerlässliche Brücken in die Vergangenheit und beständige Quelle der Inspiration für die Zukunft.

1 Ralf Gunnar WERLICH: Barth als Herrschaftssitz. In: Unter fürstlichem Regiment. Hg. von Melanie Ehler und Matthias Müller. Berlin 2005, S. 35–65.

2 Wilhelm BÜLOW: Chronik der Stadt Barth. Barth 1922, S. 320/321.

3 Friedrich OOM: Das alte Barth in kirchlicher Hinsicht. In: Baltische Studien 1 (1832), S. 173–246.

4 Torsten RÜTZ: Bericht zur baugeschichtlichen Voruntersuchung – Papenhof. Stadt Barth 2012, S. 9/10.

5 Eva BÖRSCH-SUPAN und Dietrich MÜLLER-STÜLER,: Friedrich August Stüler 1800–1865. Hg. vom Landesdenkmalamt Berlin. Berlin und München 1997, S. 156.

6 Michael LISSOK: Ortsgeschichte im Spiegel der Architektur. In: Stadt Barth 1255–2005. Beiträge zur Stadtgeschichte. Schwerin 2005, S. 312–313.

7 Ferdinand JÜHLKE: Die Zustände des Gartenbaues vor 100 Jahren in Neuvorpommern und Rügen. Eldena 1858.

Suche nach musikalischen Quellen als Impuls für die Barther Bibliotheksrestaurierung

Ulrike Volkhardt

Musikalien in der Kirchenbibliothek an St. Marien

Über die umfangreiche Entdeckung mittelalterlicher musikalischer Quellen in den Klöstern der Lüneburger Heide[1] wurde 2009 überregional berichtet,[2] so dass es Resonanz bis aus Übersee gab. Der Kurator des Klosters Ribnitz u.a. wies auf einen parallelen Fund von „Nonnenstaub"[3] wie im Kloster Wienhausen[4] hin: Hier wie dort hatten die Konventualinnen, damals noch Nonnen, zur Zeit der Reformation auf dem Nonnenchor unter den Dielen auch Noten versteckt. Eine erste Sichtung des Ribnitzer Fundes ergab ein in großen Teilen übereinstimmendes Repertoire, wie es der frühere Verbund norddeutscher Klöster und späterer Damenstifte auch vermuten ließ. Dem Kurator ist auch der Hinweis auf die Kirchenbibliothek in St. Marien, Barth zu verdanken. Zunächst auf der Suche nach Musikalien fiel sofort der reiche Bestand dieser Bibliothek im Dornröschenschlaf ins Auge. Wiederum fanden sich zahlreiche Parallelquellen, die die historische Verbundenheit eines norddeutschen Kulturraumes erneut bezeugten. Ein zweiter Blick offenbarte aber zugleich auch den Grad der Gefährdung der Bücher durch Feuchtigkeit und Schimmel. Die Kirchengemeinde war mit der Sicherung des Kirchraumes befasst und ersetzte gerade die historischen, stark beschädigten Fenster. Bis zur Bibliothek war man gelangt. Nun sollte der Buchbestand, da man sich außerstande sah, für dessen Erhalt aufzukommen, an das Landesarchiv in Schwerin gegeben werden. Dies galt es aus Sicht der forschenden Musikerin zu verhindern und die Bibliothek vielmehr am historischen Ort zu erhalten. Ein 2010 gegründeter Förderverein mit Fachlichem Beirat und zahlreichen Ratgebern im Hintergrund machte sich also an das Projekt der Rettung und Sanierung der Barther Kirchenbibliothek, deren Wiedereröffnung dank dieses Zusammenwirkens und engagierter Förderer im April 2013 gefeiert werden konnte. Naturgemäß musste die Erforschung der Musikalien zunächst hinter die Organisation der konkreten Erhaltungsmaßnahmen zurücktreten, so dass hier nur ein erster Überblick gegeben werden kann.

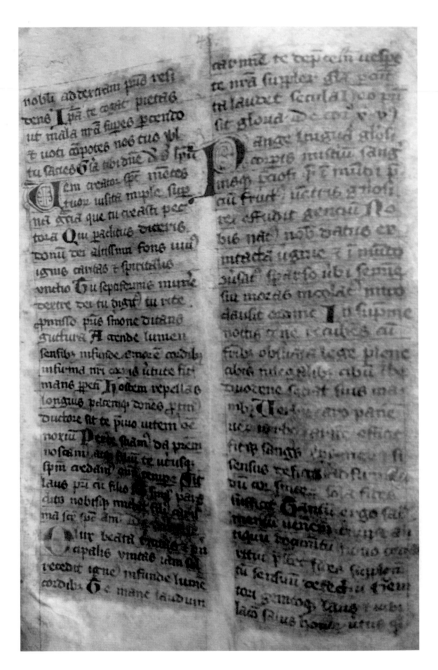

Die Barther Musikalien

Die Barther Kirchenbibliothek enthält Musik mit und ohne Notation
· in Manuskripten und Drucken
· als Makulatur, auch auf Einbänden

Die Manuskripte entstammen nicht etwa nur dem Mittelalter. Auch für die Zeit des Notendrucks verzeichnet die Barther Bibliothek handschriftliche Aufzeichnungen. Erhalten sind:

· eine Lage aus einem Missale[5] aus dem 14./15. Jh. mit Gebetstexten und Gesängen für die Messe, u.a. für die Sonntage im Jahreskreis (Tempus per annom, Hebdomada 25): OFFERTORIUM Si ambulavero in medio / COMMUNIO Tu mandasti; eine der frühen musikalischen Quellen in Barth[6]

· ein Brevier mit Kettenresten[7] aus dem 14./15. Jh. (gehört zur Offizienüberlieferung im deutschen Raum[8])

· Stimmbücher:[9] Im Anhang zu Stimmbüchern der „Sacrae cantiones" von Orlando di Lasso (Venedig 1566) finden sich, wie Ende des 16. Jhs./Anfang des 17. üblich (Peter Scheffer, Nürnberg u.a.), Abschriften von Liedsätzen der Zeit, aber auch von einer Matthäuspassion und einer Johannespassion. Die gleichen Liedsätze existieren z. B. im Ms. des Lüneburger Patriziers Witzendorf.[10] Der Gesang der Lieder ist u.a. auch im Kloster Walsrode nachgewiesen.[11] Die Matthäuspassion findet sich auch im Cantionale[12] (s. Drucke). Erkennbare (u.a. rhythmische) Varianten müssen noch untersucht werden.

2 Matthäuspassion
(Foto Ulrike Volkhardt)

· Kantatensammlung:[13] Eine barocke Sammlung kleiner Kantaten in verschiedensten Besetzungen für das ganze Kirchenjahr (Partitur). Die teils lateinischen, teils französischen Besetzungsbezeichnungen, lateinischen und deutschen Hinweise auf den Aufführungstag, durchwegs aber deutschen Texte erinnern etwa an Telemanns Sammlung „Der Harmonische Gottesdienst" und dokumentieren die Praxis, das ganze Kirchenjahr hindurch Kantaten im Gottesdienst aufzuführen, die mit Johann Sebastian Bachs großen Kantaten bis heute fortgeführt wird.
· Choralsätze für die Orgel:[14] Ein sorgfältig geschriebenes Manuskript mit schlichten vierstimmigen Sätzen. Die ausgezierten Überleitungen zwischen den Choralzeilen legen eine Datierung in das 19. Jh. nahe.
· Einzelne Blätter (Erinnerungszettel) zur Liturgie.[15]

Zu den Manuskripten zählen natürlich auch die in zahlreichen Bänden vorhandene Makulatur sowie die als Einband verwendeten Pergamente und Papiere. Sie stammen durchweg aus dem Mittelalter.

Makulatur

Gerade in Barth dürfte die verwendete Makulatur Gegenstand interessanter Forschung werden: Die Rolle und Arbeitsweise der von Bogislaw XIII. im Schlossbezirk gegründeten Druckerei wird näher zu untersuchen sein. Die spezifischen Barther Einbände[16] weisen in großer Zahl Makulatur aus Papier und Pergament auf, hiervon auch zahlreiche Musikhandschriften, deren Inhalt noch zu spezifizieren sein wird.[17] Bände, die Makulatur mit Neumen enthalten:
- 2° A 17
- 2° D 13
- 4° C 6
- 4° E 42
- 8° A 20

Etliche andere Bände enthalten Makulatur, die noch daraufhin zu untersuchen ist, ob es sich u.a. um unnotierte Musikquellen handelt.[18]

Einbände

Die als Einband verwendeten mittelalterlichen Musikmanuskripte umschließen Drucke. Sie sind zumeist komplett erhalten, nicht beschnitten und zeugen so von dem Respekt vergangenen Zeiten gegenüber: Die Musikmanuskripte wurden nicht vernichtet, sondern für wert erachtet, zumindest als Umschläge zu dienen. So sind mittelalterliche Gesänge auch in Barth überliefert, auch wenn über ihre Herkunft zunächst Definitives nicht feststellbar ist.

Die Barther Einbände sind unterschiedlich gut erhalten, jedoch größtenteils durch Parallelquellen rekonstruierbar und enthalten so ein reiches musikalisches Repertoire, das wie die Musik der Heideklöster rekonstruiert werden wird[19] und wiederum Parallelen zu dieser aufweist (u.a. „Hec est virgo sapiens", „Ista est una de numero", „Prudentes virgines aptate lampades vestras", auch im Kloster Walsrode überliefert[20]).

Die Einbände folgender Signaturen verdienen besondere Beachtung:
- 2° A 27 (erstaunlicherweise ein Pergament um einen gut erhaltenen Ledereinband)
- 8° E 228
- 8° H 2
- 4° E 44–47
- 4° E 48–51
- 4° J 2
- 4° J 7

Fragmente

Ca. 20 mittelalterliche kleine Fragmente mit Musik müssen noch zugeordnet werden.

Drucke

1. Cantionalbücher

Das ursprünglich weit verbreitete „Cantionall Büch oder Kirchengesenge", gedruckt 1573 zu Wittenberg ist nur an wenigen Orten erhalten (teils auch im Krieg in Breslau etc. zerstört bzw. verloren gegangen): u.a. in Barth und im Kloster Isenhagen, dessen Altäbtissin das Projekt der Musik in den Heideklöstern verfolgt hat, zu den Initiatoren der Bibliothekssanierung gehört und Musikerin ist. In Isenhagen ist das Exemplar zwar einer bestimmten Konventualin zugeeignet, jedoch fast ohne Gebrauchsspuren. In Barth hingegen hat es zahlreiche praktische handschriftliche Eintragungen und Korrekturen. So ist die bei der Transkription der (auch in dem handschriftlichen Anhang der Stimmbücher enthaltenen) Matthäuspassion, der „Historia von dem Leiden und Sterben unseres HERREN und Seligmachers Ihesu Christi aus dem Evangelio S. Matthaei kurz gezogen und nach den Personen ausgeteilet wie man sie in Christlicher Versamlungen pfleget die Marterwochen über zu singen", aus dem Isenhagener Exemplar aufgefallene falsche Stimmbezeichnung in manchen Chören im Barther Exemplar vermerkt[21] (s. Abb. 4). Die Matthäuspassion wurde im Rahmen der Buchholz Orgeltage 2011 zum ersten Mal wieder in St. Marien, Barth aufgeführt. In dieser Passion handelt es sich noch nicht um eine „Komposition", sondern um das Setzen des Evangeliums in der Tradition der Kantoren (evtl. Johan Keuchenthal, St. Andreasberg). Alle Elemente der Bachschen Passion sind jedoch enthalten, so dass man annehmen darf, dass diese frühe Form Johann Sebastian bekannt war. Die Melodie der im Barther Gesangbuch von 1592 erhaltenen Passion in Liedform des Sebastian Heyden (Nürnberg) ist ebenfalls im Cantionale überliefert. Das Cantionale enthält zudem alte Kirchengesänge, die im Typendruck dennoch

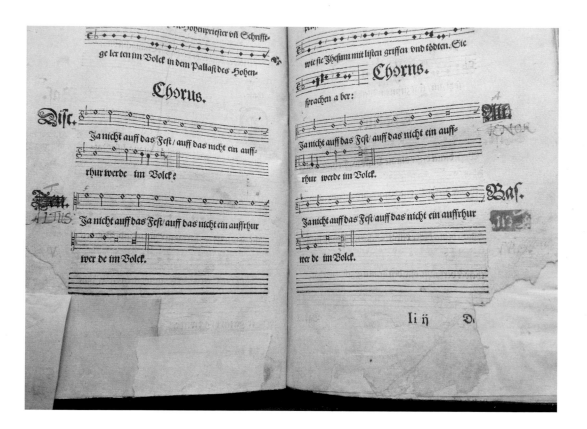

die Anmutung einer Neumennotation geben. Die genaue Transformation der mittelalterlichen Gesänge durch Luther (z. B. Magnificat) ist eines der zu untersuchenden Themen und wird zum Reformationsjubiläum 2017 dokumentiert werden.

Drei kleinere Cantionalbücher, gedruckt 1597 in Wittenberg,[22] sind ebenfalls mit zahlreichen handschriftlichen praktischen Notizen versehen, die den regen Gebrauch dokumentieren. Eines der Exemplare ist illustriert, in einem anderen fehlen die ersten Seiten. Die Gesänge sind gesammelt von dem Lüneburger Lucas Lossius und werden mit einem Vorwort von Melanchthon und einer Elegie des Lüneburger Kantors Johann Bertram eingeleitet. Die Cantionale haben einen ähnlichen Inhalt wie das große, in Barth und Isenhagen erhaltene. Im Kloster Walsrode (nahe Lüneburg) sind Gebetbücher mit handschriftlichen Eintragungen darüber „Wie es mit dem gesange gehalten wirdt auf dem kor" zu finden.[23] Akribisch werden Zeiten und Häufigkeit der Gesänge aufgeführt. Der Text der Litanei ist abgedruckt. Der Vergleich verschiedener in Norddeutschland gebräuchlicher hoch- und niederdeutscher Formen der Litanei anhand der Cantionalbücher wird ebenfalls dokumentiert werden und verspricht, eine dem Protestantismus verloren geglaubte Form des gemeinsamen Gebets wiederzubeleben.

4 Chor aus der Matthäuspassion im Cantionale (Foto Ulrike Volkhardt)

2. Stimmbücher

- Andreas Hammerschmidt: Musikalische Gespräche über die Evangelia, Dresden/Freiberg 1655[24]
- Hammerschmidt: Musikalischer Andachten II. Theil. Freiberg 1641[25]
- Hieronimus Praetorius: Cantiones Sacræ, Hamburg[26]
- Sammlung Cantiones Sacrae: Vecchi, Aichinger, Marentius, Merulo u.a.[27]

3. Orgelmusik/Choräle

- Johann Christoph Kuhnau, Alte und neue vierstimmige Choralgesänge, Zweyter Theil, Berlin 1790[28] (Interessante Liste der „Subscribenten"; auch hierin „Die Litaney"). Die Beziehung nach Berlin mag durch die Kirchenausstattung durch Stüler und den Kontakt mit dem Orgelbauer Buchholz entstanden sein.
- August Wilhelm Bach, Choralbuch, Berlin 1834[29] (für das 19. Jh. charakteristische Überleitungen zwischen den Choralzeilen)
- Jakob/Richter: Der Praeludist, Breslau o.J. [30] (liebevoller Einband)
- Eugen Stein, Orgelvorspiele, Langensalza o.J.[31]
- Choralbuch für die Provinz Pommern, Stettin 1900,[32] Vorwort von Gustav Hecht, Königl. Musikdirektor und Seminarlehrer, Cammin

4. Gesangbücher

- Die Barther Bibliothek enthält eine umfangreiche Sammlung von Gesangbüchern. Einige Beispiele:
- Stralsundisches Gesang-Buch, Zur Beforderung der öffentlichen Kirchen- und absonderlichen Haus-Andacht, Aus mäßiger Anzahl Geistreicher Alter und Neuer Lieder, In diß bequeme Format verfasset, Stralsund o.j. (18. Jh.)[33]
- Neues Kirchen- und Haus-Gesangbuch für Neu-Vorpommern und Rügen, Stralsund 1880.[34] Einliegend: Kriegslieder. Zum Gebrauch für Gemeindegottesdienst, Betstunden und Versammlungen
- Heiliges Lippen- und Hertzens-Opffer einer gläubigen Seele: Oder Vollständiges Gesang-Buch, Bestehend In 1210. auserlesenen Liedern des seel. D. LVTHERI und anderer erleuchteter GOttes-Männer, Zur Beförderung der Gottseligkeit, bey öffentlichem Gottesdienst in Pommern und anderen Orten zu gebrauchen, eingerichtet, auch mit bekannten Melodeyen versehen; Nebst einem Geist-reichen Gebet-Buch, bishero mit kleiner Schrift, samt einer Vorrede des Herrn Gen. Superint. D. Laurentii David Bollhagen heraus gegeben, Nunmehro aber, auf vieles Verlangen, mit grösserer Schrift gedruckt und mit vielen Liedern vermehrt worden, Alten-Stettin 1770[35]
- Vermehrtes Kirchen- und Haus-Gesang-Buch Für das Königl. Schwedische Herzogthum Pommern und Fürstenthum Rügen. Auf Verordnung der Königl. Hochpreisl. Regierung zum allgemeinen Gebrauch ausgefertiget. Nebst einem erbaulichen Gebet-Buche, Stralsund 1774[36]

· Geistliche und Liebliche Lieder, Welche der Geist des Glaubens durch D. Martin Luthern, Joh. Herrmann, Paul Gerhard, und andere seine Werck-zeuge, in den vorigen und jetzigen Zeiten gedichtet, und die bisher in Kir-chen und Schulen Der Königl. Preuß. und Churfürstl. Brandenburgischen Landen bekandt, und mit Königl. allergnäd. Approbation und Privilegio, zum vierzehenten mal mit grosser Schrift und zwar völlig nach der klei-nen Edition, gedruckt und eingeführet worden; Nebst Einigen Gebeten und einer Vorrede von Johann Porst, Königl. Preuß. Consistorial-Rath, Probst und Inspec. in Berlin, Berlin 1779[37]

· Evangelisches Gesangbuch für die Provinz Pommern, Stettin 1896[38]

· Nicht (bzw. nur als Teil-Fotokopie) in der Barther Bibliothek befindlich, aber in Barth gedruckt und u.a. in Gotha bewahrt sind zwei Gesangbücher von 1586 und 1592,[39] die zahlreiche Kontrafakturen von Lutherliedern der Barther Herzogin Clara und Herzogs Bogislaw und deren Verwandten enthalten. Clara kam aus Gifhorn bzw. dem Herzogtum Braunschweig-Lüneburg. Ähnliche Kontrafakturen finden sich z. B. von Elisabeth von Calenberg. Als Beitrag zum Jahr der Musik innerhalb der Lutherdekade wurden Teile dieser Barther Gesangbücher eingespielt.[40] Auch hier also wieder ein (musikalischer) Zusammenhang zwischen den verschiedenen Teilen Norddeutschlands.

5. Varia

· PSALMORVM DAVIDIS Paraphrasis poetica GEORGII BVCHA-NANI SCOTI: Argumentis ac melodiis explicata atque illustrata Opera & studio NATHANIS CHYTRAEI, Herborn 1616.[41] Dies ist ein sehr bedeutsames Werk: George Buchanan war ein schottischer Gelehrter, der u. a. in Paris studierte, in Bordeaux lehrte (dort war Montaigne sein Schüler) und Lehrer von Maria Stuart sowie später Jakobs I. war. Buchanans Paraphrasen der Psalmen Davids in Odenform wurden von Nathan Chytraeus erläutert. Chytraeus studierte und lehrte an der Uni-versität Rostock und ging später nach Bremen. Sein Bruder David war Schüler Melanchthons und lehrte Theologie in Rostock. Die Erläute-rungen von Buchanans Psalmauslegungen ergänzte Nathan Chytraeus durch Vertonungen der Psalmverse von Statius Olthoff, Kantor an St. Marien, Rostock. Einige seiner Melodien gingen in den Schatz der Kir-chenlieder über.[42] Andernorts haben Senfl und Hofhaimer Horazische Oden vertont.[43] Dieses Werk des Chythraeus war seit seiner Veröffentli-chung höchst populär und wurde an zahlreichen Orten verlegt. Etliche Exemplare mit verschiedenen Druckorten sind in der Universitätsbiblio-thek Rostock erhalten, einige auch in der Universitätsbibliothek Greifs-wald. Das Exemplar der Barther Kirchenbibliothek ist in Herborn (Nas-sau) gedruckt. Bereits im 19. Jh. waren Erläuterungen des Chytraeus und Sätze des Olthoff mehrfach Gegenstand musikwissenschaftlicher Unter-suchungen.[44] Chytraeus widmet seine Edition Herzog Otto von Braun-

schweig Lüneburg. Das von Chytraeus herausgegebene „De viris illustribus" von Aurelius Victor wurde übrigens 1590 in Barth gedruckt.[45]
- Wilhelm Friederich Gerken, Geistliche Oden und Lieder, Stade 1783[46] (mit Liste von „Sponsoren" u.a. aus Barth)
- Gottlieb Schlegel, Kleines Liturgisches Handbuch, Leipzig 1796[47]
- Textbuch zu Johann Graun, Der Tod Jesu (Oratorium)[48]
- Swea och Göthers Kæmpa Sång, Stockholm 1788[49]
- Ausführliche Nachricht von seiner Majestät Gustav Adolphs ...wie auch Ihrer Majestät Friderica Dorothea Wilhelmina höchsten Gegenwart zu Stralsund im Jahre 1797 nebst Beschreibung der bey solcher Gelegenheit veranstalteten Feyerlichkeiten[50]
- Pommersche Agende mit Magnificat und Liedertafel[51]
- Kirchenagende für die Hof- und Domkirche Berlin, Berlin 1822,[52] „Dem Stifts-Betsaal in Barth 1824" (Liturgische Musik)
- Alb. Georg Schwartz, Einige Singgedichte auf Königsgeburtstag seit 1730[53]
- Philipp Wackernagel, Das deutsche Kirchenlied, Leipzig 1864[54]

Die Voraussetzungen für eine intensive Erforschung der Barther Quellen sind nun gegeben. Konkrete Vorhaben werden u. a. die vorreformatorischen Quellen mit den nachreformatorischen in Beziehung setzen[55] und die Entwicklung der Litanei beleuchten sowie die Johannespassion und einige barocke Kantaten dokumentieren. Die mittelalterlichen Quellen sollen mit anderen norddeutschen Quellen verglichen werden. Sicherlich können durch das rege kirchenmusikalische Leben an St. Marien auch die Orgelmusik und die Liedsätze wieder Bestandteil der heutigen Barther Kirchenmusik werden.

1 6 CDs: Musik der Heideklöster. Schola und Ensemble devotio moderna unter Leitung von Ulrike Volkhardt. Kassel 2008:
· Kloster Ebstorf: Wy wyllen alle vrolick syn
· Kloster Isenhagen: Herre, unser Herrscher
· Kloster Lüne: God sy gelovet
· Kloster Medingen: Loff unde ere
· Kloster Walsrode: Vorlehn uns freden gnediglich
· Kloster Wienhausen: Danck unde loff
Vgl. Ulrike HASCHER-BURGER: Verborgene Klänge. Inventar der handschriftlich überlieferten Musik aus den Lüneburger Frauenklöstern bis ca. 1550. Mit einer Darstellung der Musik-Ikonographie von Ulrike Volkhardt. Hildesheim 2008; Ulrike VOLKHARDT, Hans-Walter STORK, Wolfgang BRANDIS: Nonnen, Engel, Fabelwesen. Musikdarstellungen in den Lüneburger Klöstern. Hildesheim 2011.
2 FAZ, DLF, Deutschlandradio Kultur
3 Hauke JÖNS: Neue Forschungen zum „Nonnenstaub" aus dem Klarissenkloster zu Ribnitz, Mecklenburg-Vorpommern. In: Archäologie unter dem Straßenpflaster. 15 Jahre Stadtkernarchäologie in Mecklenburg-Vorpommern. Schwerin 2005, S. 413–416; Regina SCHERPING: Der „Nonnenstaub" aus dem Klarissenkloster zu Ribnitz, Mecklenburg-Vorpommern. In: Frauen-Kloster-Kunst. Neue Forschungen zur Kulturgeschichte des Mittelalters. Turnhout 2007.
4 Horst APPUHN: Der Fund vom Nonnenchor. Wienhausen 1973.
5 Ohne Signatur
6 Erforschung erfolgt durch Hartmut Möller, HMT Rostock.
7 Barth: 4° D 55.
8 Erforschung erfolgt durch Hartmut Möller, HMT Rostock.
9 Nur drei Stimmen erhalten. Eine Rekonstruktion ist aber anhand von Parallelquellen möglich und teilweise bereits geschehen. S. Anm. 10, 11, 12.
10 Ratsbücherei Lüneburg, Mus. ant.pract. K.N. 144.
11 Gebetbuch des Klosters Walsrode von 1649. Nachdruck mit einem Kommentar von Renate Oldermann-Meier. Walsrode 1995. Eingespielt auf CD: Kloster Walsrode: Vorlehn uns freden gnediglich (wie Anm. 1).
12 Barth: 2° E 32.
13 Barth: 4° E 47a (Praktische Edition in Vorbereitung).
14 Barth: 4° E 85
15 In Barth: 4° E 85 einliegend
16 Georg ADLER: Handbuch Buchverschluss und Buchbeschlag. Terminologie und Geschichte im deutschsprachigen Raum, in den Niederlanden und Italien vom frühen Mittelalter bis in die Gegenwart. Wiesbaden 2010.
17 Erforschung erfolgt durch Hartmut Möller, HMT Rostock
18 Barth: 2° B 9; 2° B 12; 2° B 13; 2° B 14; 2° B 15; 2° D 8; 2° E 15; 2° F 21; 2° F 26; 4° B3; 4° D 54; 4° E 4; 4° E 15; 4° F 3; 8° E 77.
19 In Zusammenarbeit von Ulrike Volkhardt und Hartmut Möller.

20 Eingespielt auf CD: Kloster Walsrode, Vorlehn uns freden gnediglich (wie Anm. 1).
21 Barth: 2° E 32, Eingespielt auf CD: Kloster Isenhagen, Herre, unser Herrscher (wie Anm. 1).
22 Barth: 4° E 42/43 und 53.
23 Wie Anm. 11.
24 Barth: 4° E 47-51.
25 Barth: 4° E 46 unvollständig.
26 Barth: 4° E 44/45 unvollständig.
27 Barth: 4° E 52 unvollständig.
28 Barth: 4° E 52.
29 Barth: 4° E 66.
30 Barth: 4° E 68.
31 Barth: 4° E 74.
32 Barth: 4° E 65.
33 Barth: 8° E 221a.
34 Barth: 8° E 221s.
35 Barth: 8° E 221z.
36 Barth: 8° E 221d.
37 Barth: 8° E 221aa.
38 Barth: 8° E 221cc.
39 Psalmen, Geistlike Leder vnde Gesenge, Gedrücket tho Barth 1586, Forschungsbibliothek Gotha: Cant-spir-8-00567-02-R und Auserlesene Psalmen und geistliche Lieder... für den Reysenden Man, Barth 1592. Forschungsbibliothek Gotha: Cant-8-spir-1157-R.
40 CD: Zu Gottes Ehr und Deinem Trost. Kontrafakturen von Lutherliedern aus Norddeutschen Quellen. Ensemble devotio moderna unter Leitung von Ulrike Volkhardt. Kassel 2012.
41 Barth: 8° A 253.
42 Rochus von LILIENCRON: Die Chorgesänge des lateinisch-deutschen Schuldramas im XVI. Jahrhundert. In: Vierteljahrsschrift für Musikwissenschaft 6 (1890), S. 309ff.
43 Rochus von LILIENCRON: Die Horazischen Metren in deutschen Kompositionen des 16. Jahrhunderts. In: Vierteljahrsschrift für Musikwissenschaft 3 (1887), S. 26ff.
44 Benedikt WIDMANN: Die Kompositionen der Psalmen von Statius Olthof. In: Vierteljahrsschrift für Musikwissenschaft 5 (1889), S. 290ff.
45 Barth: 8° J 44.
46 Barth: 8° E 256.
47 Barth: 8° E 85.
48 Barth: 4° M 34.
49 Barth: 4° M 35.
50 Barth: 4° G 40.
51 Barth: 4° F 8b.
52 Barth: 4° E 71.
53 Barth: 2° F 32 b.
54 Barth: 4° E 59–62.
55 Eine CD ist zum Reformationsjubiläum vorgesehen.

Die mittelalterlichen Handschriften der Barther Kirchenbibliothek

Christian Heitzmann

Es ist alles andere als selbstverständlich, eine weitgehend unversehrte Kirchenbibliothek wie an St. Marien in Barth an ihrem ursprünglichen Bestimmungsort zu finden – trotz des Reichtums, den gerade Vorpommern an Kirchenbibliotheken aufweist.[1] Dies gilt vor allem für Bestände des Mittelalters, die nicht nur die zeitnahen Stürme von Modernisierung, Zentralisierung und Säkularisierung überdauern mussten, sondern – meist als Zeugnisse von altgläubiger Theologie und Frömmigkeit – auch den epochalen Umbruch der Kirchenreformation im 16. Jahrhundert. Hinzu kommen Krieg und Feuer, Nachlässigkeit bei der Aufbewahrung und Rücksichtslosigkeit in der Benutzung. Nicht umsonst wird gelegentlich der Benutzer, also der Leser, als größter Feind des Buches bezeichnet.

Wenn eine Bibliothek wie die Barther also mit ihrem ursprünglichen Kernbestand über 600 Jahre *in situ* erhalten geblieben ist (Ersterwähnung in einem Dokument aus dem Jahr 1398 im Testament des Priesters Hermann Hut), kann von nichts anderem als einem Glücksfall gesprochen werden.[2] Insbesondere ist hervorzuheben, dass eine stattliche Zahl von 146 (fast ausschließlich lateinischen) Inkunabeln, also Drucken des 15. Jahrhunderts, zum mittelalterlichen Bestand zählen.[3]

Die Bibliothek birgt unter ihren ältesten Stücken aber auch einige Handschriften, die zum Teil der Sammlung Johannes Blocks zuzurechnen, zum Teil auch anderer Herkunft sind. Streng genommen handelt es sich dabei zum größeren Teil um Sammelbände, die sich aus alten Drucken des 15. oder 16. Jahrhunderts und umfangreicheren handschriftlichen Teilen zusammensetzen. Die genaue Zahl der Handschriften in der Barther Kirchenbibliothek ist nach Ausweis der Literatur bis heute nicht genau bekannt. Konrad von Rabenau spricht in seiner Darstellung im „Handbuch der historischen Buchbestände" im Jahr 1996 von zehn Handschriften allein in der Blockbibliothek, während Renate Schipke im „Handschriftencensus der kleineren Sammlungen in den östlichen Bundesländern Deutschlands" im Jahr 2000 für die Kirchenbibliothek St. Marien acht mittelalterliche Handschriften nennt und kursorisch beschreibt.[4] Jürgen Geiß spricht in seinem Beitrag über die Kirchenbibliothek aus dem Jahr 2005 vorsichtig von mehreren Handschriften.[5] Die Beschreibungen Schipkes sind durch Jürgen Geiß überarbeitet und ergänzt worden und stehen – um ein weiteres Stück vermehrt – in der Handschriftendatenbank „Manuscripta mediaevalia" nebst Digitalisaten einzelner Seiten der Handschriften allen Interessenten zur Verfügung.[6] Die Universitätsbibliothek Greifswald, der die jüngst erfolgte Digitalisierung der Blockbibliothek zu verdanken ist, bietet zusätzlich einige vollständige Digitalisate auf der Seite der „Digitalen Bibliothek Mecklenburg-Vorpommern" an.[7]

Die Schwierigkeiten, eine exakte Zahl zu nennen, beginnen damit, dass zunächst zu definieren wäre, was unter einer Handschrift eigentlich zu verstehen ist. In der Regel meint man damit eine Buchhandschrift, also ein vollständig von Hand durch einen oder mehrere Schreiber geschriebenes Buch. Buchhandschriften sind bis ins späte Mittelalter hinein das einzige Medium, um längere Texte aller Art zu überliefern und verbreiten. Mit der Erfindung des Buchdrucks durch Gutenberg in der Mitte des 15. Jahrhunderts beginnt die Verbreitung gedruckter Bücher, die seit den 1480er Jahren rapide zunimmt. Gedrucktes Buch und traditionelle Buchhandschrift koexistieren bis ins frühe 16. Jahrhundert nebeneinander. Dann allerdings verlieren Buchhandschriften viel von ihrer Bedeutung. In der Folgezeit sind Handschriften eher als Aufzeichnungen, Arbeitsmaterialien (wie etwa Vorlesungsmitschriften), Konzepte, Tagebücher oder Brief- und Dokumentensammlungen für den privaten Bereich von Belang, während die Verbreitung von wissenschaftlichen, liturgischen oder unterhaltenden Texten immer ausschließlicher durch Druckausgaben erfolgt. Gleichwohl ist die Zahl frühneuzeitlicher Handschriften generell gesehen sehr beträchtlich und übertrifft die Zahl mittelalterlicher Handschriften bei weitem. Wie viele neuzeitliche Handschriften in der Barther Bibliothek schlummern, lässt sich momentan nicht mit Gewissheit sagen, doch ist die Aufmerksamkeit der Forschung immerhin schon auf die dort vorhandenen musikalischen Quellen gelenkt worden.[8]

Im Folgenden soll die Aufmerksamkeit den in Barth vorhandenen mittelalterlichen Handschriften gelten. Von den neun bisher bekannten Stücken stammen acht aus dem 15., nur eines aus dem 13. Jahrhundert. Darunter sind zunächst drei reine Buchhandschriften hervorzuheben, allesamt dem Bereich der Liturgie zugehörig: ein zweibändiges Brevier von der Hand eines einzigen Schreibers aus der Zeit um 1430/40[9] und das durch Blattverluste unvollständige Exemplar eines weiteren Breviers aus der zweiten Hälfte des 13. Jahrhunderts,[10] mithin das älteste Buch im Bestand. Sein Einband zeigt noch Spuren einer Kette, mit der die Handschrift einst an einem Pult befestigt gewesen sein dürfte, um sie so vor Diebstahl zu schützen (ein so genannter *Liber catenatus*). Nur dieser Codex ist eine reine Pergamenthandschrift, während alle übrigen Handschriften ganz oder doch überwiegend auf Papier geschrieben sind. Das zweibändige Brevier war für den Gebrauch der Diözese Schwerin bestimmt, zu der Barth im Mittelalter gehörte. Es wurde den verwendeten Einbandstempeln zufolge von einem in Stralsund tätigen Buchbinder eingebunden.[11] Das ältere, einbändige war – nach den Forschungen von Jürgen Geiß – wohl für den Gebrauch in der Diözese Hamburg bestimmt. Breviere dienten dem persönlichen Gebet von Geistlichen und Ordensleuten, die auf ein genau bestimmtes tägliches Gebetspensum verpflichtet waren. Diese drei Stücke dürften über eine Schenkung oder ein Vermächtnis von Geistlichen in Barth in die Kirchenbibliothek eingegangen sein, das zweibändige wahrscheinlich durch Johannes Divetze, der zwischen 1474 und 1510 als Priester an St. Marien bezeugt ist. Aus seinem Besitz stammen mehrere Inkunabeln sowie eine weitere Handschrift,[12] ein Sammelband von drei Inkunabeln und einem umfänglichen handschriftlichen Teil im Umfang von 134 Blatt aus der Mitte des 15. Jahrhunderts. Hier ist neben Predigten und einigen Versen vor allem der Text des *Stimulus amoris* überliefert, also ein asketisch-mystischer Erbauungstext, der sich am Ende des Mittelalters großer Beliebtheit erfreute.[13] Auf den praktischen Gebrauch und das geistliche Leben des Priesters sind auch die Texte in den drei beigebundenen lateinischen Inkunabeln ausgerichtet: ein anonymes Beichtbuch (Confessionale, gedruckt in Nürnberg 1480, GW 6546), ein als *Cordiale* bezeichnetes Erbauungsbuch über Tod, Gericht, Hölle und himmlische Seligkeit (Deventer 1491, GW 7508) und ein weiteres Confessionale des Erzbischofs und Heiligen Antonin von Florenz (Straßburg 1490, GW 2130).

Besitzeinträge von Johannes Block lassen die Herkunft von zwei Handschriften erkennen. Es handelt sich um einen Mischband: Neben einer Inkunabel mit Predigten zur Buß- und Fastenzeit (GW 6073) enthält er einen Überblick über die Bücher der Bibel (*Tabulae super omnes libros Bibliae*) und eine dem heiligen Bonaventura zugeschriebene Kurzfassung zu den Sentenzen des Petrus Lombardus, des Standardhandbuchs zur Dogmatik aus dem 12. Jahrhundert.[14] Die Entstehung dieses Codex ist durch Einträge belegt: Er wurde 1481 von Nicolaus Vageth im estländischen Reval (Tallin) geschrieben. Block lebte bekanntlich zeitweise (1512 bis 1528) ebenfalls in Estland, wo er als Prediger an St. Marien in Dorpat (Tartu) tätig war und diese Handschrift benutzte – wie an Randeinträgen von seiner Hand ersichtlich ist.

Der zweite Codex aus Blocks Bibliothek ist eine theologische Sammelhandschrift,[15] die aus drei Inkunabeln besteht und daran angebunden mehrere handschriftliche Texte theologischen Inhalts enthält: einen Kommentar zum Hohenlied des Alten Testaments, Bibelexzerpte, Predigten über die Passion Christi und das Altarsakrament, das Soliloquium des heiligen Bonaventura und weitere erbauliche Schriften. Diese handschriftlichen Teile wurden nachträglich zusammengefügt und mit den Drucken zu einer buchbinderischen Einheit gemacht. Schreibervermerke weisen teils auf den Schreiber Hinricus Pein (Kammin 1445), teils auf den Kleriker Arnoldus Pritzwalk (Stadtpfarrkirche St. Marien in Stralsund, 1487).

Hinzu kommt ein Mischband aus Blocks Sammlung, der am Ende die um 1475 entstandene Abschrift einer Lübecker Chronik für die Zeit von Kaiser Heinrich VII. bis Kaiser Friedrich III. (letzter Eintrag zum Jahr 1473) enthält, worauf erstmals Jürgen Geiß aufmerksam gemacht hat (Abb. 1).[16]

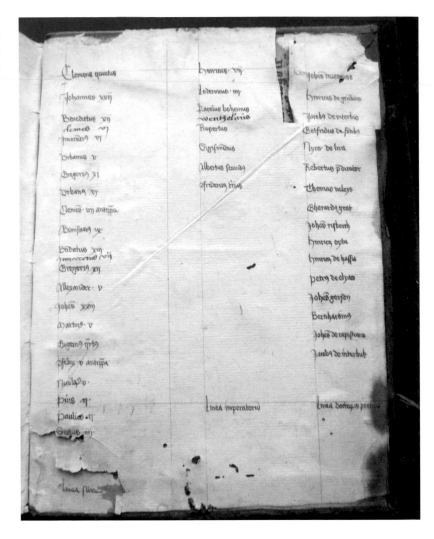

Weitere Sammelbände, deren Herkunft noch nicht näher bestimmt werden konnte, enthalten Texte, die dem bisher Vorgestellten verwandt sind. Der Band 2° B 19 besteht aus drei Inkunabeln sowie handschriftlichen Texten über die Messfeier, darunter das weit verbreitete Werk Papst Innozenz' III. *De missarum mysteriis* (Über die Geheimnisse der Messfeier)[17] und eine Auslegung der Messe, eine Textsorte, die sich am Ende des Mittelalters großer Beliebtheit erfreute. Hier waren mehrere Schreiber um die Mitte des 15. Jahrhunderts tätig (Abb. 2).

Ein weiterer Band, der sogar zehn Frühdrucke vereint, besitzt als handschriftlichen Teil Predigten, darunter solche des gerne gelesenen Nürnberger Dominikaners Johannes Herolt (zu Ostern) und eine einzige seines Ordensbruders Guido von Evreux (Ebroicensis, Ende 13. Jahrhundert) über die

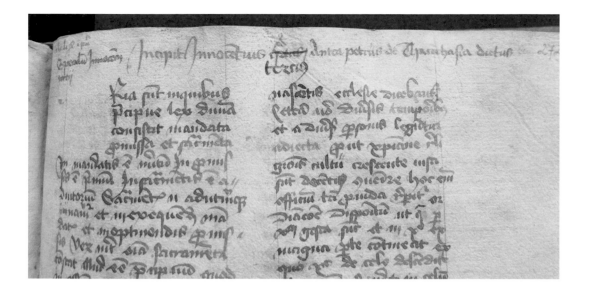

Passion Christi.[18] Geschrieben wurden diese Teile von verschiedenen Schreibern in der ersten Hälfte und im letzten Drittel des 15. Jahrhunderts, wohl in Greifswald. Über den Kleriker Petrus Frame de Werben gelangten sie um 1515/30 an die Marienbibliothek in Barth.

Der Inhalt der hier besprochenen Handschriften weist eindeutig auf die Vorbesitzer hin: Geistliche, die für die Ausübung ihrer Aufgaben als Seelsorger und Prediger auf theologische Standardliteratur des Spätmittelalters zurückgriffen. Dabei ging es vor allem um Verkündigung, Katechese, Predigt, Messfeier und Beichte.

Schon die Zusammensetzung der meisten hier genannten Bände aus Drucken und handschriftlichen Teilen ist typisch für die Übergangszeit in der zweiten Hälfte des 15. und dem Beginn des 16. Jahrhunderts.[19] Handschrift und Druck weisen vielfach gleiche Ausstattungsmerkmale auf, was das Textlayout, die Gliederung durch Initialen und den entsprechenden Buchschmuck betrifft. Vielfach wurden die Inkunabeln durch professionelle Buchmaler im Auftrag des Druckers bzw. Verlegers oder des Käufers mit farbigen, bisweilen goldverzierten Initialen geschmückt. Allerdings ist die Ausstattung der Barther mittelalterlichen Handschriften recht bescheiden.

Auch durch die buchbinderische Ausstattung wurden viele Bände individualisiert. Die Holzdeckel spätmittelalterlicher Handschriften wurden von den Buchbindern mit Leder überzogen, das durch Streicheisenlinien und/oder Einzelstempel verziert wurde. Diese Einzelstempel lassen sich häufig bestimmten Buchbindereien zuweisen und verraten uns so zusätzlich etwas über die Herkunft der Bände. Eine Analyse dieser spätgotischen Einzelstempelbände der Barther Bibliothek durch Jürgen Geiß hat hier schon wertvolle Aufschlüsse erbracht.[20]

3 Vorderspiegel mit Inkunabelfragment und Vorsatzblatt aus einer liturgischen Pergamenthandschrift (8° E 245)

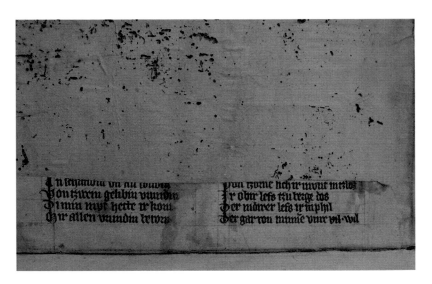

4 Fragment mit mittelhochdeutschen Versen (2° E 12)

Ebenfalls unbekannt ist derzeit die nicht unerhebliche Zahl der durch Buchbinder verarbeiteten Fragmente mittelalterlicher Handschriften in der Barther Kirchenbibliothek. Gerade das sehr haltbare Pergament wurde in vielen Fällen aus zerschnittenen Handschriften gewonnen, die man nicht mehr benötigte. Pergamentblätter oder -streifen findet man daher oft als Einbanddecke, auf Vorder- oder Hinterspiegel oder als Falzverstärkung in jüngeren Handschriften, Inkunabeln oder Frühdrucken. Als ein Beispiel sei hier der

Band 8° E 245 vorgestellt, bei dem unter dem modernen Signaturschild der Kirchenbibliothek auf der Innenseite des Vorderdeckels der Rest eines Inkunabeldrucks zu sehen ist, während das Vorsatzblatt aus einem Pergamentcodex stammt, der wohl im 13. Jahrhundert geschrieben wurde (Abb. 3). Es handelt sich um ein Blatt aus einer liturgischen Handschrift mit Texten zu den Gedenktagen des heiligen Kilian (8. Juli) und der Sieben Brüder („Siebenschläfer"); am Ende des Bandes findet man aus derselben Handschrift das Blatt mit Texten zum Festtag des Apostels Bartholomäus (24. August)

Zwar überwiegen bei den von Buchbindern verwendeten Fragmenten in Einbänden die liturgischen Stücke, doch findet man auch in Barther Bänden weitaus seltenere Textzeugen deutschsprachiger Literatur, wie zum Beispiel die von Falk Eisermann entdeckten Heftstreifen mit Zeilen aus der mittelhochdeutschen Dichtung „Athis und Prophilias", die wohl Mitte des 14. Jahrhunderts geschrieben wurden und in einer 1497 gedruckten Inkunabel mit lateinischen Predigten Verwendung fanden (Abb. 4).[21]

Über die Zahl, den Inhalt und die Bedeutung der reformationszeitlichen und frühneuzeitlichen Handschriften in der Kirchenbibliothek St. Marien sind grundlegende Forschungen erforderlich, um überhaupt einen ersten Überblick zu gewinnen. Diese Forschungen sollen durch die Möglichkeiten, die der neu gestaltete Bibliotheksraum bietet, künftig unter wesentlich verbesserten Bedingungen möglich sein. Der Bestand verspricht davon reichen Ertrag.

Übersicht über die mittelalterlichen Handschriften in der Kirchenbibliothek Barth

Signatur	Vorbesitz/Schreiber	Herkunft
2° A 17	J. Block	Lübeck, um 1475 (Chronicon Lubicense)
2° B 19	?	Lübeck?, 2. Drittel 15. Jahrhundert
2° E 20	J. Block, S: Nic. Vageth	Reval, 1481
2° F 26	J. Block, S: Henricus Pein, Arnoldus Pritzwalck	Kammin 1445, Stralsund 1487
4° D 54	Johannes Divetze?	Bistum Schwerin, 2. Drittel 15. Jahrhundert
4° D 55	?	Bistum Hamburg, 2. Hälfte 13. Jahrhundert
4° D 56	Johannes Divetze?	Bistum Schwerin, 1430/40
4° E 35	Petrus Frame de Werben	Greifswald, 15. Jahrhundert
4° E 36	Johannes Divetze	Vorpommern, 2. Drittel 15. Jahrhundert

1 Etwa in Altentreptow, Lancken-Granitz, Loitz, Wolgast und
– mit dem größten Bestand – Greifswald (Geistliches Ministerium) sowie im nahe gelegenen mecklenburgischen Friedland.
Vgl. den Beitrag von Falk Eisermann in diesem Band.

2 Nachdem bis vor kurzem angenommen wurde, die Kirchenbibliothek sei im Jahr 1451 erstmals in einem Testament erwähnt
worden, hat Falk Eisermann jüngst darauf hingewiesen, dass
bereits für das Jahr 1398 eine Schenkung an die Bibliothek dokumentiert ist. Vgl. Mecklenburgisches Urkundenbuch. Bd. 23,
Schwerin 1911, S. 433–437, Nr. 13306 und Uwe CZUBATYNSKI: Armaria ecclesiae. Studien zur Geschichte des kirchlichen Bibliothekswesens. Neustadt an der Aisch 1998, S. 211.

3 Dies nach Ausweis des Gesamtkatalogs der Wiegendrucke, der
für Barth neben den lateinischen zwei niederdeutsche Inkunabeln nachweist.

4 Renate SCHIPKE und Kurt HEYDECK: Handschriftencensus
der kleineren Sammlungen in den östlichen Bundesländern
Deutschlands. Bestandsaufnahme der ehemaligen Arbeitsstelle
„Zentralinventar mittelalterlicher Handschriften bis 1500 in den
Sammlungen der DDR“ (ZIH). Wiesbaden 2000, S. 33–36.

5 Jürgen GEISS: Die Kirchenbibliothek zu St. Marien. In: Stadt
Barth 1255 – 2005. Beiträge zur Stadtgeschichte. Hrsg. von Jörg
Scheffke und Gerd Garber. Schwerin 2005, S. 413–416.

6 www.manuscripta-mediaevalia.de (28.02.2014). Hier werden
zum Bibliotheksort Barth folgende neun Signaturen nachgewiesen: 2° A 17, 2° B 19, 2° E 20, 2° F 26, 4° D 54, 4° D
56, 4° E 35, 4° E 36.

7 http://ub-goobi-pr2.ub.uni-greifswald.de/viewer/
(28.02.2014).

8 Vgl. den Beitrag von Ulrike Volkhardt in diesem Band.

9 4° D 54 und 4° D 56.

10 4° D 55.

11 Jürgen GEISS: Einbände für den Barther Reformator Johannes
Block (1470/80–1544/45). Teil 5: Werkstätten aus Stralsund. In:
Einband-Forschung 16 (2005), S. 27–35, hier: S. 31 Nr. 23.

12 4° E 36.

13 Vgl. Falk EISERMANN: Stimulus amoris. Inhalt, lateinische
Überlieferung, deutsche Übersetzungen, Rezeption. Tübingen
2001 (Münchener Texte und Untersuchungen zur deutschen Literatur des Mittelalters 118).

14 2° E 20.

15 2° F 26.

16 2° A 17.

17 Vgl. Christoph EGGER: Papst Innocenz III., De missarum mysteriis. Studien und Vorarbeiten zu einer kritischen Edition, mit
besonderer Berücksichtigung der schriftstellerischen Persönlich-
keit des Papstes. Diss. Wien 1996. In der Barther Handschrift (f.
272r) wurde der Text irrtümlich Petrus de Tarantasia, dem spä-
teren Papst Innozenz V. (1225–1276) zugeschrieben, dann von
anderer Hand Innozenz IV. und schließlich korrekt Innozenz
III.

18 4° E 35; Johann Baptist SCHNEYER: Repertorium der lateinischen Sermones des Mittelalters für die Zeit von 1150 bis 1350.
Bd. 2. Münster 1970, S. 322 (Nr. 28).

19 Vgl. Die Gleichzeitigkeit von Handschrift und Buchdruck. Hg.
von Gerd Dicke und Klaus Grubmüller. Wiesbaden 2003 (Wolfenbütteler Mittelalter-Studien 16).

20 Vgl. seine Beiträge in Einband-Forschung, bes. 16 (2005), S.
27–35 und 32 (2013), S. 67–69.

21 2° E 12; Eine Publikation bereiten Falk Eisermann und Kurt
Gärtner vor. Vgl. den Eintrag im Marburger Handschriftencensus: http://www.handschriftencensus.de/25133.

Aus Schaden klug

Jochen Bepler

Anmerkungen zur Konservierung der historischen Buchbestände

Die Barther Kirchenbibliothek hat durch die Wiederherstellung von Kirchengebäude und Bibliotheksraum und durch die Zusammenführung der Bestände in einem konservatorisch unbedenklichen Regalsystem einen Zustand physischer Integrität erreicht, der einerseits die Betrachtung des Ensembles gestattet, andererseits die Sorge um den Zustand des Einzelstücks, also die Fragen von Konservierung und Restaurierung in den Vordergrund schiebt.

Dabei wird rasch deutlich, dass eine vertretbare Buchpflege des einzelnen Exemplars nur im Kontext möglich ist. Gemeint ist ein doppelter Kontext, nämlich der des einzelnen Buchs in seiner Herstellungs- und Gebrauchsgeschichte und der von Raum und Bestand.

Was nun ein zu besorgender Schaden sei, lässt sich nur in der Würdigung der Individualität des Objekts bestimmen. Als Beleg möchte ich zwei, zugegeben extreme Beispiele nennen.

Das erste betrifft den Fuldaer Ragyndrudis-Codex. Einband und Buchblock der Handschrift weisen mechanische Schäden auf, die Stabilität und Erhalt gefährden. Die Einschnitte in den Seiten können beim Gebrauch weiter einreißen, die Lücken sammeln Staub und Schmutz. Nun hat der oberhessische Restaurator Lomp schon vor mehr als 20 Jahren ein Verfahren entwickelt um Pergament anzufasern; man kann also die Lücken schließen und das Bild eines unversehrten Codex wieder herstellen. Die Einschnitte im Buchblock werden aber den Schwertstreichen der heidnischen Friesen zugeschrieben und sie waren auf den Kopf des hl. Bonifatius gerichtet, der sich mit dem Buch notdürftig und wie wir wissen, vergeblich zu schützen suchte. Die Schäden sind es hier, die Popularität und den besonderen Wert der Handschrift ausmachen.

Es ist also nicht notwendigerweise der Text als vielmehr das Objekt, das, zumal in Zeiten der Digitalisate, den Wert bestimmt. Der langjährige Vorsitzende des Verbandes der Restauratoren Kornelius Götz hat unlängst daran erinnert, dass es die gesellschaftliche Übereinkunft ist, die einen Gegenstand oder ein Ensemble zum Kulturgut erhebt.[1] Popularität ist also ein legitimes Kriterium.

Sie kennen vielleicht die Geschichte des Gebetbuchs von Johann Arndt, das 1612 in Magdeburg unter dem Titel „Paradiesgärtlein" erschien und zu den erfolgreichsten protestantischen Erbauungsbüchern des 17. Jahrhunderts gehört. Seit 1627 erzählt man von einem Exemplar, das katholische Truppen beim Pastor von Langgöns in Hessen konfiszierten. Ein katholischer Leutnant erwischte seinen (evangelischen) Trompeter bei der Lektüre des Buches, nahm es ihm weg und warf es ohne viel Federlesens ins Herdfeuer. Man kannte ihn, so heißt es, für seinen Hass auf die evangelischen Bücher. Über eine Stunde soll Arndts Paradiesgärtlein im Feuer gelegen haben, bevor die Hausfrau das Buch nahezu unversehrt aus den Flammen ziehen konnte. Den katholischen Leutnant ereilte natürlich die verdiente Strafe

1 Angebranntes Exemplar von Arndts Paradiesgärtlein

und er verfiel zwei Jahre später in Köln dem Wahnsinn und starb.[2] Das Feuerwunder von Langgöns findet sich verschiedentlich in den folgenden Ausgaben des Werks erzählt und im Frontispiz abgebildet. Es machte Schule und wiederholte sich mehrfach. Ein Zeitgenosse zählte 14 Feuerwunder mit diesem Werk. Ein solches, wunderlich angekokeltes Exemplar, fast 30 Jahre nach dem Ende des großen Krieges gedruckt, findet sich auch in Wolfenbüttel.

1727 meinte ein Besucher, dies sei gewiss „das curiöseste unter allen Büchern"[3] der berühmten Bibliothek. Das hätte man ja restaurieren können und damit das Buch zu einem beliebigen Träger dieses nicht eben seltenen Textes gemacht.

Die Beispiele ließen sich mehren und gewiss nicht alle sind so eindeutig. Festzuhalten bleibt aber, dass kein ursprünglicher Zustand wieder herzustellen ist. Es gilt vielmehr, den geschichtlich gewordenen zu erhalten. Dieses Bemühen wird üblicherweise im Begriff der Authentizität gefasst.[4]

Auch wenn sie keine Schicksalsschläge erlitten haben, sondern beschaulich im Regal altern konnten, sind Bücher Lebenszyklen unterworfen und ihr materieller Verlust ist unabwendbar; wir sind nur zu unserem eigenen Überleben aufgefordert, ihn aufzuhalten, zu verlangsamen.[5] Mit dem Alter kommt die Gebrechlichkeit. Werden die Bücher dann restauriert und „geliftet", erhalten sie womöglich ein Erscheinungsbild, das ihrem Wesen, ihrem Inhalt und ihrer Intention nicht mehr entspricht. Die Zeichen des Alters also sind keine Krankheit und kein Schaden, vielmehr die Authentifizierung der Geschichtlichkeit. Eine Wolfenbütteler Ausstellung hat das kürzlich eindrucksvoll thematisiert.[6] Die Zeichen des Alters fordern vom Leser die Einsicht in die eigene quasi juvenile Unbedeutendheit und damit keine Reparatur, sondern einen besonders rücksichtsvollen Umgang.

Ihre Grenze findet diese Einstellung, so möchte man meinen, dort, wo der wissenschaftliche Gebrauch behindert werden könnte. Aber auch hier muss man sagen, dass sich diese Grenze ständig verschiebt, und zwar zu Ungunsten des, üblicherweise eiligen, Wissenschaftlers oder seiner Kollegin.

Neben den Ansprüchen der Wissenschaft drängen andere Interessen in den Vordergrund. Sie sind mächtig befeuert von der im zitierten digitalen Zeitalter zunehmenden Virtualität der Texte. Sie betreffen die im Einzelstück wie im Ensemble vermittelte Authentizität des historischen Zeugnisses, sie betreffen den Wert einer Bibliothek in ihrer Anschauung, im Bibliotheksprospekt. Damit geraten wir freilich in Argumentationsmuster, die der Wissenschaft bei der Drittmitteljagd vor politischen Gremien ausgetrieben wurden und die erst langsam und mühevoll zurückerobert werden müssen.

Die Begrifflichkeit zur Beschreibung ist lange nicht genutzt worden und vielfach veraltet. „Erbauung" gehört in dieses Vokabular und ist für den Gebrauch durch eine süßliche Frömmigkeit des 19. Jahrhunderts ganz verdorben. Auch die Rede von der „Aura" ist vor allem durch die Verwendung in der Esoterik belastet.

Walter Benjamin hat den Begriff der Aura in seinem berühmten Essay über das „Kunstwerk im Zeitalter seiner technischen Reproduzierbarkeit" fruchtbar gemacht. Nun bin ich mir der Pikanterie bewusst, die es bedeutet, wenn auf knappstem Raum Elemente materialistischer Kunsttheorie für die Betrachtung einer historischen, zumal einer kirchlichen Bibliothek angewendet werden sollen. Gleichwohl aber bietet Benjamin, vor allem in der Paraphrase und Präzisierung durch Adorno, das Arsenal mit dem eine historisch gewachsene, alte Bibliothek in die Distanz einer Gesamtbetrachtung gerückt werden kann, also zur Wahrnehmung eines Ensembles, das analog einem Kunstwerk, in den Worten Adornos, „über sich hinausweist".[7] Als konstitutive Bestandteile der Aura eines Kunstwerkes (übrigens ebenso natürlicher Dinge) nennt Benjamin deren Nähe zum Kult, deren Einmaligkeit und Ortsbindung, deren Geschichtlichkeit und Tradition.[8] Eine für unseren Zusammenhang notwendige Ergänzung erfolgt im Einwand Adornos, der in der Aura „ein vergessenes Menschliches" identifiziert.[9]

Auf diese Weise kann der Bogen geschlagen werden zu den eingangs erzählten Beispielen. Bibliotheken versammeln Lebensgeschichte und dem entspricht ihr Anspruch auf würdevolle Behandlung. Nur so formen sie sich zu dem vielberufenen Gedächtnis einer Kirchengemeinde, einer Region, eines Landes, „nicht chaotisch gehäuft, sondern lebendig geordnet".[10] Das einzelne Buch weist dann im zitierten Sinn über sich hinaus, verweist auf die

Einheit der Bibliothek und diese wiederum beschreibt ihren Kontext, konstituiert Weltbild.[11] Dabei charakterisiert es die Bedeutung der Bibliotheken, dass noch jede Zeit und jede Gesellschaft auch in ihrem Umgang mit den Büchern und Bibliotheken einen Maßstab ihrer Menschlichkeit gefunden hat.

Die anhand des Zitats der Aura gewonnenen Kriterien von Kultus, Einmaligkeit, Tradition lassen sich anhand der räumlichen Anordnung der Barther Kirchenbibliothek verifizieren und in Handlungsperspektiven überführen.[12] Falk Eisermann hat den regionalen Kontext bereits charakterisiert. Für die Barther Bibliothek selbst ist die Anordnung innerhalb des Kirchenbaus in unmittelbarer Nähe zum Altarraum konstitutiv. Die Bibliothek wird damit auch zum Teil des gottesdienstlichen Selbstvollzugs der evangelischen Kirchengemeinde, stellt also eine gerichtete Öffentlichkeit her. Die historische Identität der Bibliothek erscheint auf diese Weise geprägt von der persuasiven Ausweitung des Kultus und seiner gelehrten Legitimation. Aus dieser Konzeption ist die Bibliothek in den neu hergerichteten Räumen durchaus nicht entlassen. Die Aufgabe bleibt gestellt, und sie prägt wesentlich auch den zu erwartenden wissenschaftlichen Nutzen mit.

Die einer kirchlichen Bibliothek durch ihre räumliche und institutionelle Verankerung innewohnende Tendenz zur Öffentlichkeit gilt es auch in Barth zu kultivieren. Unter dem Gesichtspunkt der präventiven Restaurierung bedeutet dies die Erforschung des Einzelstücks und gegebenenfalls seine behutsame Restaurierung, bedeutet aber vor allem die Bewahrung des unversehrten Ensembles und die Betonung seiner „Aura".

Der gegenwärtig beste Schutz für die Bücher sind die verschiedenen Formen der Verpackung. Insbesondere Klappkassetten sind bislang die sicherste und beste Aufbewahrungsform, vor allem dort, wo durch einen schlechten Gesamtzustand der Verlust von Buchmaterial, also von Papierstücken, Lederteilen, Schließen, Kapital oder Holzteilen des Einbands droht. Vorteilhaft ist es, wenn das bedrohte Objekt in der Kassette benutzt werden kann.

Dass dies allerdings im Sinn der beschriebenen Konzeption auch keine dauerhafte Option darstellt, will ich mit meinem letzten Beispiel illustrieren. (Abb. 2)

In diesen Regalen wird eine Büchersammlung vor allem des späten 19. Jahrhunderts aufbewahrt, die unter dem Gesichtspunkt ihrer prachtvollen Einbände zusammengestellt wurde. Durch die Euphorie einer neuen industriellen Fertigungstechnik und durch die zeitgenössischen Marketingstrategien sind diese Bücher ganz auf ihr Äußeres, ganz auf optische Anreize fixiert. Die ästhetische und historische Besonderheit der Bücher wird aber erst offenbar, wenn man sie als Einzelstück aus der Kassette nimmt. Die für ihren zeitgeschichtlichen Ausdruck entscheidende Wirkung des Ensembles in den aufgereihten Buchrücken ist aber auf die vorgeführte Weise mundtot gemacht. Die Kassetten sind hier, nebenbei bemerkt, auch für die wissenschaftliche Arbeit der historischen Einbandforschung eine Behinderung.

Auch wenn Mecklenburg-Vorpommern mit Sachsen-Anhalt in
der glücklichen Ausnahmesituation
ist, dass die Restauratorinnen und
Restauratoren über eine geschützte
Berufsbezeichnung verfügen und
damit ihre Qualifikation unter Be-
weis stellen können, sollte jedem
Restaurierungsprojekt eine wissenschaftliche Evaluation des Objekts
vorausgehen und bei der Schadens-
beschreibung, Schadenswürdigung
und bei der Diskussion der Maßnahmen ein Altbestandsbibliothekar
oder eine entsprechend erfahrene Bi-
bliothekarin einbezogen sein.[13]

Für die Barther Kirchenbibliothek leite ich aus dem Gesagten als
Restaurierungsperspektive das Pri-
mat der Prävention, der Konservierung ab, die Betonung des Ensembles[14] bei der gleichwohl sorgfältigen
Erforschung auch des Einzelstücks
und die restauratorische Vorbereitung auf eine nicht nur wissenschaftliche Öffentlichkeit.

2 Eine Einband-
sammlung des
19. Jahrhunderts

1 Kornelius Götz: Mindestens haltbar bis… Bemerkungen über die Konservierung des kulturellen Erbes. In: Kirchliches Buch- und Bibliothekswesen NF 1 (2013), S. 93–100.

2 Jill Bepler: Vicissitudo Temporum: Some Sidelights on Book Collecting in the Thirty Years' War. In: Sixteenth Century Journal 32 (2001), S. 966/67.

3 Herzog August Bibliothek Wolfenbüttel, Sign.: Th 94; Jörg Jochen Berns: Herzog August und die Frömmigkeit. In: Sammler, Fürst, Gelehrter. [Ausstellungskatalog], Wolfenbüttel 1979, S. 365/66.

4 Katrin Janis: Restaurierungsethik im Kontext von Wissenschaft und Praxis. München 2005, S. 131; vgl. Achim Hubel: Denkmalpflege. 2. Aufl., Stuttgart 2011, S. 314.

5 Vgl. die Einführung von Helwig Schmidt-Glintzer zum Katalog: Auch Bücher altern. Bestandserhaltung in der Herzog August Bibliothek. Hg. von Almuth Corbach. Wiesbaden 2012 (Wolfenbütteler Hefte 31).

6 Auch Bücher altern. (wie Anm. 5).

7 Theodor W. Adorno: Ästhetische Theorie. Frankfurt/Main 1970, S. 409 (Theodor W. Adorno: Gesammelte Schriften, Bd. 7).

8 Walter Benjamin: Das Kunstwerk im Zeitalter seiner technischen Reproduzierbarkeit. Frankfurt/Main 1955. Hier zitiert nach der Ausgabe Frankfurt 1976, bes. S. 13–21. (Edition Suhrkamp 28).

9 Walter Benjamin: Briefe. Hg. und mit Anmerkungen versehen von Gershom Sholem und Theodor W. Adorno. Bd. 2, Frankfurt/Main 1966, S. 849; vgl. auch Manfred Koller: Patina, Alterswert und Schmutz. In: Restauro 119 (2013) Nr. 2, S. 23–26.

10 Romano Guardini: Lob des Buches. Basel 1952, S. 29.

11 Vgl. Cesare Brandi: Theorie der Restaurierung. München 2006, S. 53 (ICOMOS Hefte des deutschen Nationalkomitees 41).

12 Vgl. Martina Löw: Raumsoziologie. Frankfurt/Main 2011, S. 191f.

13 Cesare Brandi (wie Anm. 11), S. 45. Vgl. Katrin Janis (wie Anm. 4), S. 126.

14 In diesem, auf das Ensemble bezogenen Sinn verstehe ich hier die Bemerkung von Cesare Brandi (wie Anm. 11), S. 44: „Jegliches Verhalten gegenüber dem Kunstwerk, und dazu gehört auch der restauratorische Eingriff, ist davon abhängig, dass das Kunstwerk als Kunstwerk erkannt wurde oder nicht."

Sanierung und Umgestaltung der Bibliothek der St. Marien Kirche in Barth

Christine Johannsen

Über viele Jahrzehnte lag die Bibliothek der St. Marien Kirche in Barth quasi in einem ‚Dornröschenschlaf‘. Uns begleitete die große Sorge, wie wir den wertvollen Bücherbestand behandeln sollten, wenn die dringende Sanierung der Räume anstand. Zum großen Glück für die Kirchengemeinde kam unerwartete Hilfe aus der Ferne. Initiiert durch einen Besuch der Bibliothek im September 2009 von Professorin Ulrike Volkhardt, Hannover/Folkwang Hochschule Essen und Altäbtissin Barbara Möhring, Wolfsburg/Kloster Isenhagen und der damit verbundenen Sichtung der Bücherschätze formte sich in wenigen Wochen ein Förderverein, der Hilfe versprach. Und schon in 2010 konnten wir konkret mit der Planung der baulichen Maßnahmen beginnen.

Die Ausgangssituation

Die St. Marien Kirche ist als stattlicher Backsteinbau im Wesentlichen im frühen 14. Jahrhundert errichtet worden, der Turm wurde im 15. Jahrhundert vollendet. Ein beindruckendes mittelalterliches Dachtragwerk überspannt noch heute die dreischiffige Hallenkirche. Die letzte umfängliche Umgestaltung im Inneren erfolgte von 1857–1863 durch Friedrich August Stüler (1800–1865), einem Schüler Karl Friedrich Schinkels. Im Geist der Neugotik wurde die gesamte Innenausstattung von ihm umgestaltet. Die farbenprächtige Gestaltung ist bis heute einschließlich der hölzernen Ausstattung vollständig erhalten. Im Chor sind die zwölf Apostel dargestellt, gemalt von Carl Gottfried Pfannschmidt (1819–1887). Die Wände und Pfeiler sind mit einer mehrfarbigen qualitätsvollen Sandsteinimitationsmalerei gefasst, der Fonds der Gewölbe in einem Weißton. Farbenfroh leuchten die Gurte und Rippen der Gewölbe in ihren wesentlichen Farben, blau und rot, diese werden harmonisch ergänzt durch Ocker-, Lila- und Grüntöne (Abb. 1).

In der Bibliothek zeigten sich Schäden an der Ausmalung sowie am Gewölbe- und Wandputz. Einzelne Rippenziegel des Gewölbes waren versackt

und Putz rieselte auf den Bücherbestand. Auch die Fenster bedurften dringend einer Restaurierung, die Bleiverglasung war verworfen, einzelne Gläser fehlten bereits (Abb. 2). Neben diesen baulichen Mängeln war auch das Raumklima schädlich für den Buchbestand, eine relative Luftfeuchte von bis zu 90 % war keine Seltenheit.

Unsere Aufgabe bestand darin, einerseits die bauliche Hülle zu sanieren, andererseits den Raum in einer Form neu zu organisieren, der die Bücher angemessen präsentiert und Raum für Führungen bietet. Der zweite Schwerpunkt der Planung lag auf den klimatischen Verhältnissen des Raumes. In allen Planungsgesprächen, die wir mit dem leitenden Restaurator Andreas Weiß aus Gingst und dem Haustechniker Rainer Heimsch aus Rastede geführt haben, galt es, nach Lösungen zu suchen, die ein stabiles Raumklima gewährleisten konnten bei wirtschaftlich vertretbaren laufenden Betriebskosten in der Zukunft.

Nutzungskonzept

Neben der Bibliothek sollte ein Bereich für eine Ausstellung geschaffen werden, in der der wertvolle Buchbestand einem breiteren Publikum gezeigt werden konnte, ohne die Bibliothek betreten zu müssen. Die Bibliothek sollte

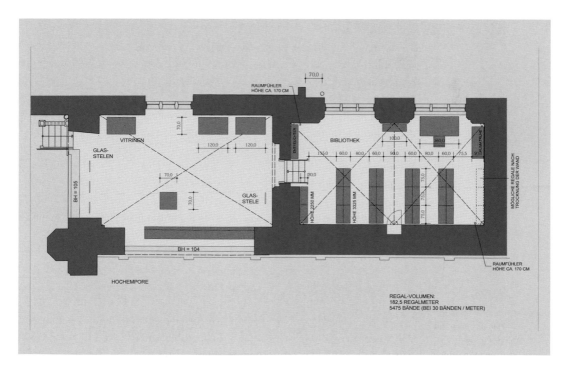

weitgehend geschlossen bleiben, um die klimatischen Verhältnisse stabil zu halten. Auf der nördlichen Hochempore, dem Bereich direkt vor der Bibliothek, präsentiert sich heute diese Ausstellung (Abb. 3). Glasstelen erläutern die Geschichte der Bibliothek und deren Bestand. In vier Vitrinen werden einzelne Bücher präsentiert.

Über die Hochempore wird die eigentliche Bibliothek erschlossen. Als Eingang diente vor dem Umbau eine schlichte Holztür, Einblicke in den Bibliotheksraum waren nicht möglich. Diese Tür haben wir durch eine Glastür ersetzt. Einblicke in den Raum sind jetzt möglich, ohne diesen betreten zu müssen. Die Regale sind frei in die Bibliothek gestellt. Vor den Fenstern bleibt genug Bewegungsraum für kleine geführte Gruppen und einen Arbeitsplatz direkt am Fenster. Dieser Arbeitsplatz ermöglicht den Interessierten unter Aufsicht die

Forschungsarbeit vor Ort direkt im Bestand. Die erforderliche Haustechnik, bestehend aus einer Klimatruhe, einem Entfeuchter und der dazugehörigen Regeltechnik, ist hinter speziell angefertigten Schränken verborgen (Abb. 4).

Verglasung

Ein besonderes Augenmerk bei der Neuorganisation der Bibliothek lag auf der Ausführung der Fenster. Die dreibahnigen Bestandsfenster sind als eine Bleiverglasung mit Rauten aus weißem Glas und blauen Friesstreifen gefertigt. Um die Bücher vor UV-Licht zu schützen und das Klima zu puffern, wurde eine zusätzliche Verglasungsebene durch eine Isolierverglasung mit UV-Schutzfilter angebracht. Zum Erhalt des äußeren Erscheinungsbildes der Kirche wurde die Bleiverglasungsebene außen angeordnet. Die neue Isolierverglasung sitzt innen davor im historischen Gewändeanschluss. Der Scheibenzwischenraum zwischen Isolierverglasung und Bleiverglasung wird nach außen entlüftet und mit einer feinmaschigen Gaze geschützt, um das Eindringen von Insekten und Spinnen zu verhindern.

Haustechnik

Um das Klima stabil bei ca. 55 % relativer Luftfeuchte zu halten, wobei Schwankungen von bis zu 10 % zugelassen werden, wurden eine Klimatruhe und ein Entfeuchter installiert. Über eine externe Regeltechnik werden beide Geräte zusammen gesteuert. Zur Zeit werden die Klimadaten über zusätzliche Datenlogger, die temporär in der Bibliothek angeordnet sind, ständig kontrolliert. Ziel ist es, mit überschaubaren Betriebskosten ein möglichst konstantes Raumklima zu schaffen. Um dieses Ziel zu erreichen, ist es unerlässlich, über ein Monitoring die Einstellungen zu kontrollieren und ggfs. zu optimieren.

Reinigung der Bücher und temporäre Klimakammer

Bevor wir mit den baulichen Maßnahmen beginnen konnten, wurden die Bücher in einer logistischen Meisterleistung ausgeräumt. Die Bücher wurden vorsichtig in Kartons verpackt und nach Leipzig transportiert. Dort wurden sie vom Zentrum für Bucherhaltung sorgfältig gereinigt. Währenddessen haben wir in der Marienkirche in der südlichen Turmseitenhalle einen temporären Raum in einer Trockenbaukonstruktion geschaffen. Dieser Raum wurde mittels des Entfeuchters, der heute in der Bibliothek montiert ist, auf 55 % relative Luftfeuchte eingepegelt. So konnten wir gewährleisten, dass die Bücher, die bei der Reinigung in Leipzig in einem trockeneren Umfeld waren, nicht wieder der starken Luftfeuchte der Kirche ausgesetzt waren.

Sanierung der Außenhaut und Innenrenovierung

Mit dem Abtransport der Bücher waren die Voraussetzungen geschaffen, um die Gebäudehülle und die innere Raumschale der Bibliothek und der Hochempore sanieren zu können. Der zweijochige Raum der Bibliothek ist ca. 6 Meter hoch und hat eine Grundfläche von 35 Quadratmetern. Das Mauerwerk im Bereich von Bibliothek und Hochempore wurde sorgfältig durchgearbeitet. Geschädigte Ziegel wurden vorsichtig ausgestemmt, durch passende Nachbrände ersetzt und das Fugenwerk saniert. Parallel zu den Maurerarbeiten erfolgte die Montage einer aufliegenden Rinne auf der Dachfläche. Durch diese Rinne können wir gewährleisten, dass das Mauerwerk trocken bleibt und zur Stabilisierung des Raumklimas beiträgt. In die aufliegende Rinne wurde zur Stabilisierung an der Vorderseite ein Kupferrohr eingearbeitet. So können einerseits die Schneelasten aufgenommen werden, andererseits können Alpinisten zu Reinigungs- und Wartungszwecken den Rand der Rinne zur Abstützung nutzen (Abb. 5).

In der laufenden Baumaßnahme zeigte sich, dass die Anschlussfuge der Dacheindeckung oberhalb der Bibliothek nicht mehr regendicht ist. Das Giebelmauerwerk war bis in die Bibliothek hinunter durchfeuchtet und die hölzernen Pfetten zeigten einen weißlichen Befall. Hier erhielt die Mauerkrone eine Abdeckung aus Kupferblech, um den Wasseranfall zu minimieren. Die Durchfeuchtungen waren aber so gravierend, dass das geplante Regal an der Ostwand vorerst nicht aufgestellt werden konnte. Die Bücher dieses Regals mussten in der Klimakammer in der Turmseitenhalle verbleiben.

Um die Arbeiten an der inneren Raumhülle ausführen zu können, wurde auf der Hochempore eine Stauschutzwand gestellt. Der Arbeitsbereich war nun durch eine Folientür erschlossen. Nach Stellung der Raumgerüste er-

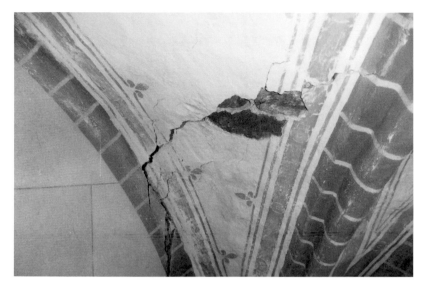

folgte eine sorgfältige Bestandsaufnahme der Schäden. In der Bibliothek mussten einige Rippenziegel des Gewölbes mittels einer Vernadelung in Ihrer Lage fixiert werden. Sowohl an den Wänden wie auch den Gewölben wurden alle Risse sorgfältig durchgearbeitet (Abb. 6). Der lose Putz wurde, soweit er keine Malerei aufwies, vorsichtig abgenommen, die Risse ausgekeilt und handwerklich geschlossen. Feinere Risse wurden durch die Restauratoren bearbeitet. Sie wurden mit einem geeigneten Mörtel verfüllt.

Durch die undichten Anschlussfugen der Bleiverglasung der Fenster ist in den letzten Jahrzenten dauerhaft Feuchtigkeit in das Mauerwerk eingedrungen, entsprechend umfangreich waren die Schäden am Putz im Bereich der Fensterrippen und der Laibungen. Der Putz musste fast vollständig erneuert werden. Durch Werkproben wurde der Putz in seiner Oberflächenstruktur auf den Bestandsputz abgestimmt. Nach Ausführung der Putzarbeiten waren über viele, viele Wochen die Restauratoren tätig und haben in mühevoller Kleinarbeit die Malerei ausgebessert. Hier galt es vor allem, den Farbenkanon der Sandsteinimitationsmalerei genau zu treffen und die handwerklichen Techniken nachzuempfinden. Die neu ausgeführten Bereiche der Imitationsmalerei fügen sich heute sehr gut in den Bestand ein (Abb. 7, 8).